10歳若返る！

話し方のレッスン

アナウンサー
魚住りえ

講談社

はじめに——アンチエイジングと健康維持にも「声」と「話し方」が役立ちます

声と話し方は、私たちが思っている以上に第一印象、仕事、人間関係、プライベートに大きな影響を与えています。そして声と話し方はちょっとしたコツを覚えてトレーニングするだけで劇的に変えることができますし、それが第一印象、仕事、人間関係、プライベートを前向きに変えてくれます。

そんな提案をした私の前著『たった1日で声まで良くなる話し方の教科書』（東洋経済新報社）は幸い多くの読者を獲得することができました。前著を手に取り、読んで頂いた方には、この場を借りてお礼を申し上げます。

本書のテーマは心身のアンチエイジングと健康維持。誰もがいつまでも若々しく健康でいたいと願っています。そのために運動をしたり、サプリメントを飲んだりと努力をしている方も少なくありませんが、そこに「声と話し方を変える」という視点を加えてやるとまさに鬼に金棒。さらなるアンチエイジングと健康力アップが期待できます。声と話し方を変えるのに運動のようなハードなトレーニングは不要ですし、コストもかけずに今日からすぐに始められるというメリットがあります。

「声と話し方を変えると、どうしてアンチエイジングや健康維持に役立つのか?」という疑問を持つ人もいると思いますが、これは私の長年の経験を踏まえた事実です。

たとえば、加齢とともに体形は緩み、贅肉が付きやすくなりますが、お腹から声を出していると贅肉が燃えてカラダが引き締まり、気になるお腹が凹んできます。

声を出す仕事をしている声優さんやナレーターさんには太っている方はあまりいませんし、大半は10歳くらいは若く見えます。私が開いている「魚住式スピーチメソッド」のスクールの生徒さんたちからも、「レッスンの翌日はむくみが取れて小顔になっています」「汗をかいてカラダが引き締まります」とか「腹筋運動をしたときのようにお腹に心地良い筋肉痛が来ます」といった嬉しい感想が寄せられます。

私自身もたまにウォーキングをするくらいで運動らしい運動はしていませんが、20代とほぼ同じ体重をキープしています。お酒も飲みますし、美味しいものが大好きです。食事量を極端に減らすダイエットは大嫌いなのに、体重と体形が維持できているのは、声を出す仕事を続けているおかげだと思っています。実際ナレーションをしていると、お腹がペコペコになります。意識してお腹から声を出すことは、想像以上にエネルギーを使うものなのです。

さらに口角を上げ、笑顔で声を出すようにすると、顔の皮膚の下の広い範囲にある表情筋が鍛えられて表情まで若くなります。

無表情でボソボソ話していると老けた印象になりますが、笑顔でハキハキと声を出していると表情が豊かになって実年齢より若い印象になるのです。

さらに、体重や体形、表情といった外見以外にも、声と話し方を変えると脳のアンチエイジングにもつながります。日本の高齢者の4人に1人は脳の機能が衰える認知症の人またはその予備軍といわれていますが、一人で手軽に行える「朗読」でも脳は活性化できるのです。

タレントの黒柳徹子さんや、通信販売会社大手「ジャパネットたかた」の創業者である髙田明さんがいつまでも若いのは、声を出して話す仕事をしているうえに、その高い声とワンブレス（ひと呼吸）でのハキハキとテンポの良い話し方にも秘密があります。私のスクールに通ってくれた40代の生徒さんは、私の指導で声と話し方を変えて転職時の面接に臨んだところ、40代とは思えないようなフレッシュな好印象が評価されて採用に結びつきました。普段より少し高い声で、ハキハキとテンポ良く話すコツを、ぜひ学んで身につけてください。

この本では、声と話し方をどのように変えてやれば、アンチエイジングと健康維持に結びつくのかを6つの章に分けて解説したいと思います。以上のイントロダクションを終えたところで、10歳若返ることを目指して、さっそく私と一緒にマンツーマンのレッスンをスタートさせましょう！

目次

第2章

第3章 笑顔で若々しい表情を手に入れます……85

第4章 朗読で脳を若返らせて認知症を防ぎます ……119

第6章 話し方で10歳若返る方法を教えます……177

お腹から
声を出して、
体脂肪を
燃やしましょう！

第1章
発声練習で体形の緩みを解消します

お腹から声を出していると、途中でお腹が鳴るほどエネルギーを使います

歳を重ねるごとにカラダには余計な贅肉がついて体形が緩んできます。この贅肉の正体は憎っくき体脂肪！　脂肪細胞に収められている中性脂肪です。

引き締まった若々しい体形を取り戻すには、無駄な体脂肪を燃やして（エネルギー源として利用して）あげる必要がありますが、実はお腹から声を出すだけでも体脂肪を燃やすことができます。体脂肪を燃やすために運動するのはちょっと大変です。でも、お腹から声を出すだけなら、家でも気軽に取り組めると思います。

私自身、朗読やナレーションの仕事で声を出しているとすごく疲れて、長時間経つとクラクラしてくることもあります。それだけエネルギー（カロリー）を使うのです。

ランニングなどの運動の前に軽くエネルギーをチャージしないとカラダが動かないのと同じように、朗読やナレーションの仕事も事前に何か食べておかないと声が出せません。

ただ、がっつり食べすぎてしまうとお腹から声が出せなくなりますし、気が緩んで緊張感がなくなってしまうので、小さなおにぎり1個、あるいはチョコレートをひとかけらだけ食べたり、飴をなめたりして、エネルギーを補給しておきます。

私のようなアナウンサーだけではなく、落語家さん、歌手の方、舞台役者さん……と声を出す仕事をされている方には、軽めのエネルギー補給を事前にしていらっしゃる方が多いと思います。

私は、テレビ東京系列の『ソロモン流』という番組のナレーションを、放送開始から足かけ10年にわたって担当させていただきました。この仕事は、映像が流れる間、ほとんどナレーションで埋め尽くされる〝ベタナレ〟のスタイルでした。

一般的に〝ベタナレ〟の収録は、放送時間のおよそ3倍かかると言われています。『ソロモン流』は1時間番組でしたので、収録には3時間ほどかかりました。

3時間もナレーションをしていると、事前に軽く食べていても、途中で何かをつままないとカラダが持ちません。ですから、いつもすぐ脇に飴やチョコレート、糖分の入った飲み物などを置いておいて、フラフラにならないように備えていました。颯爽と走り続けるマラソンランナーたちが、コース途中のエイドステーションでスポーツドリンクやバナナなどでエネルギーを補給しながら走るイメージですね。

それでも、ナレーションで声を出し続けているとエネルギーをすっかり使ってしまい、空腹のあまりお腹がグーッと鳴ることもあります。その音がマイクに拾われて、スタッフさんから「魚住さん、お腹が空いているみたいですね。いったんストップして何か食べますか?」と声をかけられることもありました。

でも、途中で食べすぎるとお腹から声が出せなくなりますから、マラソンランナーがエイドステーションでの補給で頑張るように、飴やチョコレートでいつも乗り切っていました。収録が終わるとお腹がペコペコ。汗もいっぱいかきますし、立ち上がるとクラッとするくらい。それくらいお腹が空くのですから、お腹から声を出しているとエネルギーを消費してやせやすくなるのだと思います。

声優さんにナレーターさん……。声を出す仕事の人に太っている人はあまりいません

私の知る限り、同業のアナウンサー、声優さん、ナレーターさんと声を出すことを仕事にしている方にはブクブクと太っている方はあまり見かけません。それは恐らく、声を出すことそのものが良い運動になっているからだと思います。

アナウンサーはテレビ映りも気にしなくてはならないのでそうそう太れませんが、お顔が出ない声優さんやナレーターさんにお会いしても、皆さんびっくりするほどスリムなのです。たとえば先日、声優の平野文《ふみ》さんをテレビでお見かけしました。平野さんといえば、アニメ『うる星《せい》やつら』のラムちゃん役で有名です。今年（２０１６年）で61歳なのですが、40代に見えるほど若々しくて細くてキレイでした。その若々しさとスリムな体形の秘密は、声をつねに出し続ける声優という仕事を続けていることにあると私は思います。

お腹から声を出せば太らないと聞くと、「オペラ歌手には太った人も多いのではないか」という疑問をもたれる方もいらっしゃるでしょう。

最近では、オペラ歌手の方でもスリムなタイプも増えてきましたが、確かに昔は全体的にふくよかな方が多かったように思います。

オペラ歌手はマイクを使わないで、いわば自らのカラダを楽器として響かせて発声しています。いちばん高い声を出すソプラノなら、自らを管楽器としてソプラノサックスのような高い声を響かせていますし、いちばん低い音を出すバスなら、自らを弦楽器としてコントラバスのように低い音を出しています。このため、コンサートホールいっぱいに声を響かせるためには、ある程度のふくよかさが求められるのです。

オペラの発声法は、アナウンサーの発声法とはまるで違います。あくびをするとのどが開きますが、その状態をキープしたまま、舌の根をぐっと下げてカラダ全体を筒のようにして発声しているのです。

それに対してアナウンサーや声優さんは、カラダ全体ではなく、顔とのどに響かせて声を出します。そのやり方なら必ずしもふくよかである必要はないのです。

発声をするだけで安静時のおよそ2倍のカロリーを消費しています

では、お腹から声を出すと、いったいどのくらいのカロリーを消費してくれるのでしょうか。

カラオケで、歌うと1曲あたりの消費カロリーを教えてくれる機種があります。そうした機種では、声を出している時間、声の大きさなどから計算しているとか。曲の長さや歌い方によっても違いますが、1曲20キロカロリーほど消費するものもあるようです。友人たちとカラオケに夢中になって歌い続けるとかなり疲れますが、実際にカロリーも消費しているのです。

運動量を知る目安になるのは、メッツ（METｓ）という単位。メッツとは、横になって安静にしているときの活動の強さを1メッツとして、その何倍のカロリーを消費するかで運動や日常生活の活動の強さを表す単位です。
発声自体のメッツを調べた研究は残念ながらありませんが、アメリカの資料では発声に近いもので「教会で立って歌う」という項目があり、その場合は2メッツとなっています。つまり安静時の2倍の強さの活動なのです。「教会で立って話す」が1・8メッツですから、歌うためにお腹から声を出すと、単に話すよりも10％以上も強い活動となるのです。

メッツが便利なのは、体重から消費カロリーが推定できること。それは次のような公式にまとめられます。

1時間あたりの消費カロリー（kcal）＝メッツ×体重（kg）×1・05

体重70kgの方が、立ったままでお腹から声を出し続けると、1時間で2×70×1・05でおよそ150キロカロリーを消費します。
1時間で150キロカロリーというとちょっと少ない気もしますね。走る人が増えていますから、ジョギングと比較してみましょう。

確かにジョギングは良い運動。7メッツと安静時の7倍、発声の3・5倍ものカロリーを消費してくれますが、毎日続けるのはかなり大変。

私のまわりでジョギングを続けている友人でも、週2〜3回ペースで走っている方が大半です。ジョギングは消費カロリーが多い半面、運動負荷が高くてカラダの負担になりますから、毎日行うのは大変なのです。

その点、発声練習はカラダへの負担が少ないから毎日でも行えますし、天候に関わりなく自宅で手軽にトライできます。毎日続ければ、1週間トータルで見ると週2回ペースのジョギングに匹敵するカロリーが消費されます。体重70kgの人が1回20分のジョギングを週2回行うと、トータルの消費カロリーは343キロカロリーになります。一方、同じ体重の人が1回20分の発声練習を毎日行うと、トータルの消費カロリーは同じく343キロカロリーになるのです。

辛い運動よりもむしろ、発声のような軽い運動ほど体脂肪が燃えやすいのです

日本人には真面目な努力家タイプが多いので、辛い運動ほどやせやすいと思い込んでいるようですが、それは違います。発声練習のようにメッツが低い軽い運動ほど、体脂肪が優先的に燃えてやせやすいのです。

体内でエネルギー源として利用されるのは、脂質、糖質、タンパク質の三大栄養素です。このうちタンパク質はエネルギーになるよりも、皮膚や筋肉といったカラダそのものを作る役割の方がずっと重要ですから、実際にはエネルギーになっているのは脂質と糖質と考えていいでしょう。脂質は体脂肪、糖質は血糖とグリコーゲンという形で体内に存在しています。

脂質と糖質はつねに同時にエネルギーになっていますが、辛い運動ほど糖質の利用率が

高くなり、ラクな運動ほど脂質の利用率が高くなるという性質があります。脂質をエネルギーに変えるには酸素が必要なのですが、辛い運動だと息が切れるのは、脂質を代謝するために必要なだけの酸素が取り込めなくなるからです。

ですから、ランニングと発声練習を比べてみると、メッツがより低い発声練習の方が糖質よりも脂質、つまり無駄な体脂肪を燃やしやすいと言えるのです。そう知ると、週に何度かジョギングするよりも、家などで毎日声を出している方がずっといいと私は思ってしまいます。あなたはいかがですか？

「カウント発声」で体脂肪を効率的に燃やして若返ります。まずは準備のストレッチを行います

ここからいよいよ体脂肪をより燃やしやすくする発声法をご紹介します。

発声法にはいろいろなやり方がありますが、トレーニングは難しいと長続きしません。

そこで私が提案しているのは、数字を1から10までカウントする「カウント発声」。これ

なら覚えやすいですし、シンプルなので誰でも続けやすいと思います。
カウント発声の前には、声を出すための準備運動として顔のストレッチと舌のストレッチを行います。以上をまとめると次のようになります。

魚住式やせるボイストレーニングプログラム

① 顔のストレッチ
② 舌のストレッチ
③ カウント発声

顔のストレッチの狙いは、口を開けやすくすること。たとえば、冬場は、寒いと顔がこわばって口が開かず、声が出にくくなりますよね。逆に言うと、はっきり大きく声を出さないでいると、顔の筋肉がこわばって口が大きく開きにくくなってしまうのです。

そんな状態で無理に声を出そうとすると、のどをつぶしてしまう恐れがあります。それを防ぐために事前に顔のストレッチを行うのです。

顔のストレッチには次の2つがあります。（27ページイラスト参照）

❶ ほおの運動

フグが興奮したときのように思い切りほおを膨らませます。続いて、ほおの内側を吸い込み、ほおをできるだけ細くします。これを10回繰り返します。

❷ 唇の運動

ひょっとこのように唇を前に突き出します。そのまま右側と左側とに交互に動かします。これを10往復行います。

初めの2〜3回は動かしにくいと思いますが、だんだん血行が良くなって顔の筋肉もほぐれてきます。ストレッチの前後で、鏡の前で口の開き具合を比べてみてください。顔のストレッチを行う前と後で口の開き方は大きく変わることに驚かれるはずです。

続く舌のストレッチの狙いは、舌を自分の思い通りに動かすこと。舌の動きが正しくないと、キレイな音が出てこなくなります。たとえば、「サ」のときは舌が後ろに下がるのが正解。そうでないと「サ」が英語の「TH」になってしまいます。あるいは、「ナ」のときは舌が上の歯にくっつくのが正しい動きです。

舌のストレッチには次の3つがあります。(28ページイラスト参照)

❶回転のストレッチ

口を閉じたまま、できるだけ大きな円を描くように舌でぐるりと1周歯ぐきをなめます。時計まわりに3回、反時計まわりに3回行います。

❷左右のストレッチ

口を軽く開けて、舌を突き出します。舌を突き出したまま、左右に大きく動かします。10往復続けてみましょう。

❸上下のストレッチ

口を軽く開けて、舌を突き出します。舌を突き出したまま、上下に大きく動かします。10往復続けてみましょう。

はじめは難しくても、慣れてくるとカンタンです。わかりやすい発声が求められる通訳さんにも、実践している方が多いようです。ぜひ試してください。

① 顔のストレッチ（ほおの運動）のやり方

フグが興奮したときのように思い切りほおを膨らませます。続いて、ほおの内側を吸い込み、ほおをできるだけ細くします。これを10回繰り返します。

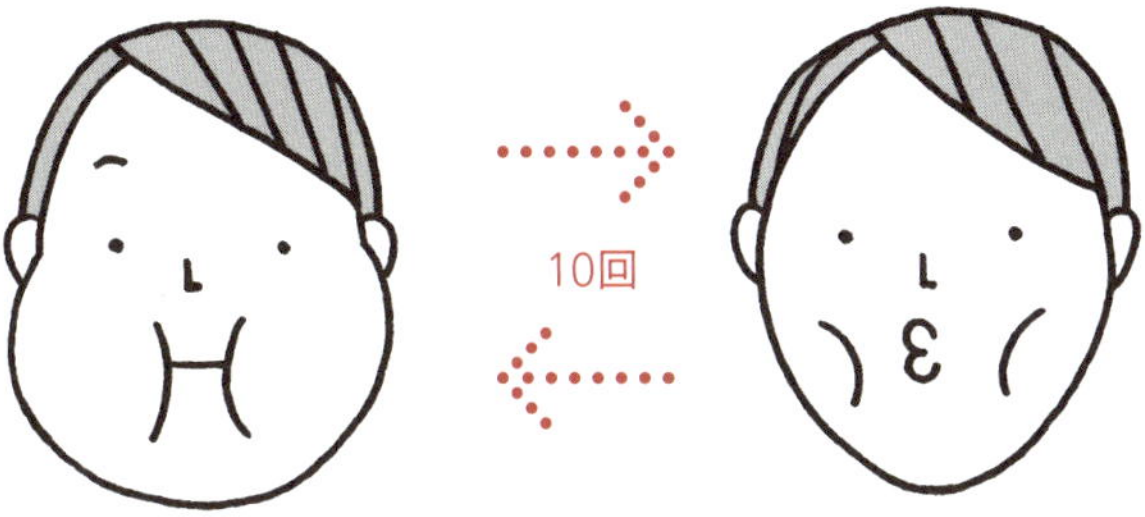

② 顔のストレッチ（唇の運動）のやり方

ひょっとこのように唇を前に突き出します。そのまま右側と左側に交互に動かします。これを10往復行います。

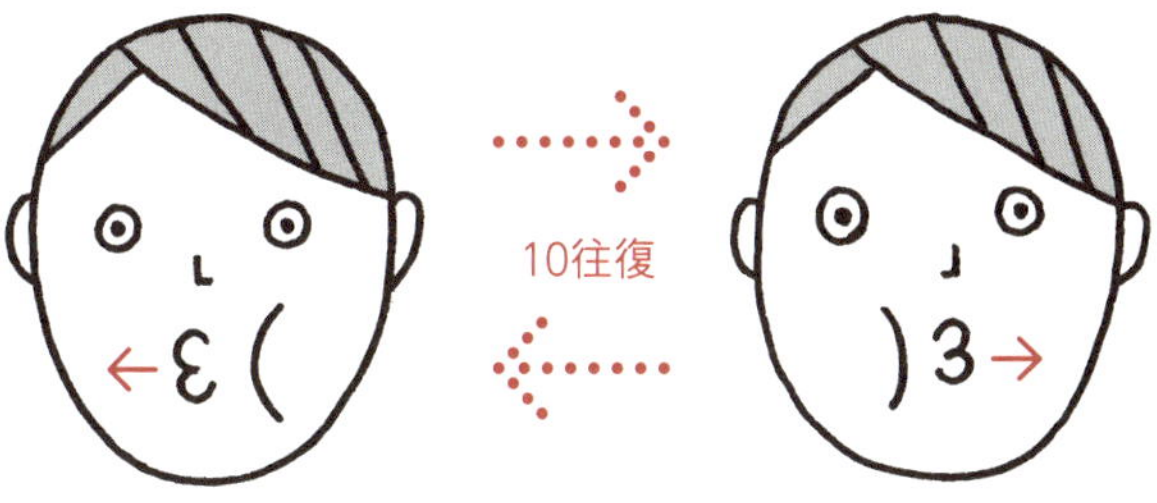

① 舌のストレッチ（回転）のやり方

口を閉じたまま、できるだけ大きな円を描くように舌でぐるりと1周歯ぐきをなめます。時計まわりに3回、反時計まわりに3回行います。

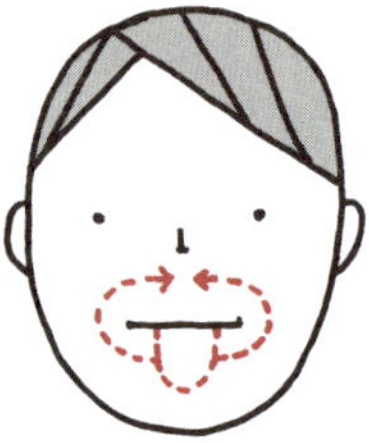

② 舌のストレッチ（左右）のやり方

口を軽く開けて、舌を突き出します。舌を突き出したまま、左右に大きく動かします。10往復続けてみましょう。

③ 舌のストレッチ（上下）のやり方

口を軽く開けて、舌を突き出します。舌を突き出したまま、上下に大きく動かします。10往復続けてみましょう。

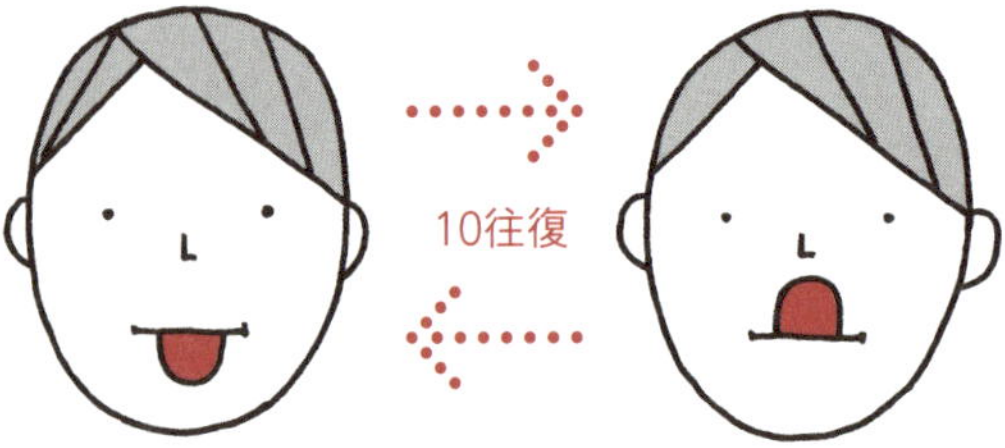

1から10まで大きな声で数えるだけでお腹が絞れてきます

顔のストレッチと舌のストレッチを行って良い声を出す準備が整ったら、次にいよいよカウント発声を行います。

カウント発声は次のように行います。いずれもなるべく大きな声ではっきり丁寧に声を出すようにしてください。坐ったままでも行えますが、より多くの体脂肪を燃やすためには、ぜひ立って行うようにしてください。

❶「せーの」と掛け声をかける

はじめに「せーの」と声を出します。

❷ 1から10まで数える

1から順番に10まで数えます。ただし「1」は、ぼんやり「イチ」と数えるのではなく、はっきり「イーチッ」、同じく「2」は「二」ではなく「ニィーイッ」、「3」は「サン」ではなく「サァーンッ」と一音ずつ丁寧にゆっくり発声してみてください。以上を3セット行います。

カウント発声のやり方

両足を肩幅に開いてまっすぐ立ち、ヘソの少し下に両手を当てて、丹田を意識するために手でお腹を軽く押し込みながら、それに抵抗するようにお腹に力を入れます。「せーの」と掛け声をかけてから、1から10まではっきり、ゆっくりカウントします。声を出すとき、お腹を凹ませてください。そのあとお腹を緩ませて、息を吸います。1～2秒間隔で10まで数える練習を3セットやってみてください。

ここでのポイントは「イーチッ」と声を出している間はつねに丹田《たんでん》を意識してお腹を引っ込めておくこと。丹田を意識しやすいように、両手をお腹に当てましょう。（30ページイラスト参照）

丹田という言葉はよく耳にしますが、改めて確認しておきたいと思います。

丹田とは、東洋医学が考える生命エネルギーである「氣」を貯める中心のようなところ。ヘソの少し下の奥にあります。実際、まっすぐ立っているときのカラダの重心は骨盤の仙骨より少し前にありますが、これが丹田に相当します。

カウント発声で、丹田をより意識しやすくするには、手でお腹を軽く押し込みながら、それに抵抗するようにお腹に力を入れてみてください。そうするとお腹の奥にある筋肉も鍛えられて、コルセットを巻いたようにお腹が絞れます。

カウント発声でボイトレの基本である5つの母音を網羅します

このカウント発声では、ボイストレーニングの基本である「ア・イ・ウ・エ・オ」という5つの母音を網羅することができます。これによってカロリーと体脂肪を燃やすだけではなく、本書でこれから紹介する他のトレーニングも行いやすくなります。

1から10までの発声と母音との関わりを順番に見てみましょう。

1（イーチッ）では「イ」音が入ります。「イ」音は口の端を思いっきり横に引っ張る動きです。顔と舌をきちんとストレッチしておかないと上手にできません。私のスクールの生徒さんでも「イ」音を苦手にする人は案外多いのです。

2（ニィーイッ）も同じく「イ」音が入ります。

3（サァーンッ）では「ア」音が入ります。「ア」音は上下の歯が見えているいちばん明るい発声です。

4（シィーイッ）もやはり「イ」音です。

5（ゴォーオッ）では「オ」音が入ります。「オ」音は「ア」と「ウ」の中間の口の形をとることになります。

6（ロォークゥッ）には「オ」音と「ウ」音が入ります。「ウ」音は、キスをする口の形を少し緩めるようなフォルムで発声します。

7（ナァーナッ）では「ア」音が入ります。

8（ハァーチィッ）には「ア」音と「イ」音が入ります。

9（キュゥーウッ）では「ウ」音が入ります。

10（ジュゥーウッ）では再び「ウ」音が入ります。

ここまで1から10をゆっくりハキハキと発声したとしても、5つの母音のうちクリアできていないものがあります。それは「エ」音です。これは、笑顔を作るイメージで上の唇を斜め上に引き上げる動きです。

空白の「エ」音を発声させてくれるのが、1から10までカウントする前の「せーの」という発声。「セーノ」ではなく「セェーノ」とはっきり発声すると「エ」音まで網羅することが可能になるのです。「エ」音が5つの母音のなかでもいちばん難しいので、はじめの「せーの」はとくにはっきり音を出してください。

カウント発声はゆっくり2秒かけて確実に行ってください

カウント発声では、立ったまま、両手でお腹を押して引っ込めながら、「イーチッ」とはっきり声を出していきます。声を出しながらお腹を凹ませます。その後お腹が緩み、自然に口から息が入ってきます。

時間が短すぎるとはっきり発声ができませんから、「イーチッ」とカウントして息を吸い込むまで2秒をめどにすると良いでしょう。慣れてきたら、1秒間隔でリズミカルに行うようにしてください。

気になる腹筋の鍛え方は次の第2章で詳しく紹介しますが、カウント発声でもお腹を大きく動かしますから腹筋が鍛えられます。

私のスクールの生徒さんに指導をすると「翌日お腹が筋肉痛になりました!」と嬉しそ

うに報告してくれる方が少なくないのです。

運動不足でお腹の筋肉が衰えている方は、カウント発声で腹筋を刺激すると腰に痛みが出ることもあります。腹筋に刺激が入ると腰椎の傾きが変わるため、それが痛みとして感じられる場合があるのです。

お腹の筋肉痛も腰痛も、カウント発声を続けているうちに気にならなくなります。それは体脂肪が燃えると同時に、お腹まわりの筋肉がトレーニングされて引き締まってきた証拠でもあります。そうした小さな変化を励みにしましょう。

忙しい日は朝準備運動を行い、夜眠る前にカウント発声を行いましょう

「ローマは一日にして成らず」ということわざがあるように、どんな習慣でも続けないと目に見える成果は上がりません。いかなるトレーニングも三日坊主で終わってしまったら、何にもならないのです。

三日坊主で終わらないで、「継続は力なり」で着実に成果を上げるためには、トレーニ

ングの習慣化が大切になってきます。そのために役立つのは、いま現在続けている習慣に絡めてタグ付けすることです。

大人になると生活のほとんどはパターン化しています。そこにまったく新しい習慣を割り込ませるのは大変です。脳は大きな変化を嫌うからです。

そこで新しい習慣は、ずっと続けている現在の生活習慣に紐付けてプラスします。するとさほど苦労しないで継続できるようになります。

カウント発声は、準備運動の顔のストレッチと舌のストレッチに続けて行うのが理想。でも、忙しい毎日を送っていると、連続して行う余裕がないこともあると思います。そこで三日坊主を避けるために、準備運動は朝、カウント発声は夜というふうに2分割するのも「アリ」だと思います。

準備運動は、朝ベッドから起きて顔を洗うついでに、洗面室で鏡を見ながらやってみてください。慣れてきたら顔のストレッチ＋舌のストレッチで1分ほどしかかかりませんから、忙しい朝でも余裕でこなせるでしょう。

朝は顔がむくんでいるものですが、顔のストレッチと舌のストレッチを行うと血行が良くなり、むくみが取れやすくなります。むくみが取れると、これから会う相手に爽やかでシャープな印象が与えられます。加えて身だしなみを整えるときにもプラス。むくみが取れると男性は髭剃りを行いやすくなると聞いたことがあります。

顔のストレッチで口が開けやすくなり、舌のストレッチで気持ちよく発声できるようになると、朝イチからコミュニケーションもスムーズになり、それが仕事にもプラスの作用を与えてくれるかもしれません。

残るカウント発声は帰宅し、お風呂に入って眠る前に行います。

日中に仕事などで多くの人たちと会話を交わしていると、口は開きやすくなり、舌の動きも良くなっているはず。この状態なら、もう一度準備運動を行わなくても、カウント発声でいい声がはっきり出せるでしょう。さらに筋肉は温まっている方が動きやすいので、お風呂で体温が上がっているとカウント発声も行いやすくなります。

平日はこの流れで良いと思いますが、休日のように時間があるときは、朝の準備運動に引き続いてカウント発声をやってみてください。

声を出すときの姿勢にも気をつけてください。ポイントは丹田です

背すじがすっと伸びて、胸が自然に張れている人を見かけると「姿勢がいいなあ」と思わず見とれますね。姿勢がキレイだと若々しい印象になりますが、いい声を出して体脂肪をメラメラと燃やすためにも姿勢は大事にしてください。

姿勢でもっとも大切なのは、つねに丹田を意識すること。丹田さえ意識できていれば、姿勢の半分以上は整ったと思っても構わないくらいです。あとは頭から爪先まで、天井から目に見えない糸で釣られているような感覚で背すじを伸ばしてください。

丹田は目で見ることも手で触ることもできないので、慣れないうちは意識するのが難しいかもしれません。私のスクールの生徒さんでもはじめのうち「丹田が意識できません」という方には「お腹を引っ込めてください」とアドバイスします。すると自然とヘソの下あたりに力が入り、丹田が意識しやすくなります。丹田を意識するとお腹からはっきり大

きな声が出しやすくなり、それだけ体脂肪も消費しやすくなります。

日頃から丹田を意識した姿勢が自然にとれるようになると、立ち居振る舞いも優雅で美しくなります。

アナウンサーはニュース番組ではバストアップしか映らない場合もありますが、最近ではアナウンサーも全身が映るシーンが増えてきました。セットや背景のなかを動くシーンも多いのですが、アナウンサーの皆さんは姿勢も動きもキレイです。全員がモデルさんのようにウォーキングや姿勢のトレーニングを受けているわけではないでしょうから、声を出すために丹田を意識しているおかげなのかもしれません。

感情をコントロールするとそれだけ消費カロリーも上がってやせやすいのです

朗読やナレーションでは、単に声を出しているだけではなく、そこに一緒に気持ちも乗せています。そこで大事になってくるのは気持ちのコントロールです。

たとえば、先に触れた『ソロモン流』ではとても感動的な話が多かったのですが、ナレーター側の涙腺が先に緩んでしまっては視聴者が白けてしまいます。

かといって感情をまったく込めないと、人びとの心を動かすことはできません。『ソロモン流』では、たとえ200%感動していても、それを10%くらいまで削ぎ落として、冷静に伝えることを心がけていました。


フランスの女優サラ・ベルナールは、レストランのメニューを読み上げるだけで、人を泣かせることができたと言われています。また、アカデミー賞を受賞したシェイクスピア俳優でもあるイギリスの名優ローレンス・オリヴィエは、ロンドンの電話帳を読み上げるだけで感動を与えることができたとされています。いずれも真偽不明の半ば伝説ですが、これだけは確かだと私が思えるのは、人を泣かせたり、感動させたりするときには、表現する側はそれだけ大きなエネルギーを使っているということです。

不出世の歌手である美空ひばりさんは『悲しい酒』という曲を歌うと、実際に涙を流されていました。それでも冷静さを失うことなく、正確に歌い続けることができたのはさすがに昭和を代表する偉大な名歌手ならではです。

気持ちを切り替えるときには、無意識のうちに交感神経と副交感神経のスイッチングが行われています。交感神経と副交感神経は合わせて自律神経と呼ばれています。自律神経は心身の状態をつねにコントロールしており、緊張すると交感神経が優位になり、リラックスすると副交感神経が優位になります。

クルマに例えると、交感神経はアクセル、副交感神経はブレーキの役割を果たしていますが、緊張と弛緩の場面が交互にやってくるナレーションでは、ドライバーが曲がりくねった山道をアクセルとブレーキを巧みに踏み替えながらクルマを操るように、交感神経と副交感神経の切り替えが行われているのです。

このように自律神経を切り替えながら、感情をコントロールしてナレーションや朗読をしているとそれだけ消費カロリーもアップします。

脳の重さは体重の2％ほどしかありませんが、カラダ全体で安静時に消費しているカロリーのおよそ20％を消費しています。その多くを占めているのは、脳に中枢を持っている自律神経の活動なのです。頭を使うと疲れますが、それは気のせいではないのです。

ですから、感情をコントロールしてナレーションや朗読をしていると、恐らく2メッツ以上の活動強度があり、それだけ消費する体脂肪も増えてきます。基本の発声練習を終えたら、気持ちを込めて朗読を行うトレーニングをしてみてください。そのやり方については第4章で改めて触れますが、気持ちを込めると平坦にただ声を出すよりも燃える体脂肪が増えてやせやすくなるのです。

魚住式食事術❶　糖質は少なめにし、最後に食べる

贅肉やたるみを追放し、心身をいつまでも若々しく健康に保つうえでは、食事が果たしている役割も大きいと思います。そこで私が実践している、アンチエイジングと健康維持に役立つと思う食事法をコラム形式で紹介したいと思います。

私がまず気をつけているのは、ご飯やパンや麵類などの糖質を多く含む食べ物をできるだけ減らして、食べるときは食事の後半にすることです。数年前から糖質制限ダイエットがブームになっていますが、私はずっと以前から糖質を摂りすぎないようにしてきました。

糖質をオフするようになったのは、母の影響です。母は太るのが嫌いで、娘の私にもスリムでいられるように、小さい頃から折に触れていろいろなアドバイスをくれました。なかでも「デンプン（糖質）は太るから控えなさい！」とログセのように言っていたのを覚えています。「そうめんやうどんを食べすぎないように」「夕飯のご飯は半分にしなさい」

とずっと言われてきたので、いつの間にか糖質をセーブするようになったのです。

糖質を摂りすぎると太りやすいと言われています。糖質をたくさん摂ると血糖値が急に上がり、その後下がるときにお腹が空きやすくなり、過食につながりやすいからです。また上がった血糖値を下げるために分泌されるインスリンというホルモンには、糖質を体脂肪として蓄える働きもあります。

ご飯やパンをまったく食べないわけにはいきませんが、食べるのはできるだけ食事の後半に回すようにしています。

おかずである程度お腹をいっぱいにしていると、〆のご飯や麺類もそんなにたくさん食べられません。それに血糖値の上昇も緩やかになり、血糖値が下がりすぎないうえに、体脂肪を蓄えるインスリンも大量に出にくくなります。

糖質を多く含む食べ物では、白米や食パン、うどんやそうめんといった白い食べ物ではなく、玄米や雑穀、全粒粉パンやライ麦パン、田舎そばといった黒っぽい食べ物を食べるようにしています。黒っぽい食べ物は食物繊維が多いので少量でもお腹が膨らみますし、消化吸収がゆっくり進み、血糖値の上昇も緩やかになってダイエットにプラスなのです。

辛い腹筋運動より、
腹式呼吸の方が
効果的です！

第2章 腹式呼吸で気になるお腹を凹ませます

腹式呼吸には、お腹を凹ませる効果があるのです

いい声はお腹から出しますが、そのために意識したいのは「腹式呼吸」。お腹から声を出しながらの腹式呼吸が習慣になると、気になるお腹を凹ませることもできます。

「呼吸でお腹が凹む」と聞いても、そんなうまい話があるわけがないと首を傾げたくなるかもしれません。お腹の出っ張りや緩みは気になるものですが、確かに苦労してもなかなか凹まないパーツです。でも、私のスクールの生徒さんからも、「スクールで腹式呼吸で声を出すことを教えてもらってから、お腹が引き締まってきました！」という感想をよくいただきます。

なぜ腹式呼吸でお腹が凹むのかを語る前に、まずは腹式呼吸とはどんな呼吸なのかについて触れておきたいと思います。

私たちは安静時には1分間に12〜18回、規則正しく呼吸をしています。眠っている間も

呼吸は止まりませんから、一日で1万7000回から2万6000回ほどの呼吸をしている計算になります。すごい回数ですよね。

呼吸とは、鼻や口から空気を肺に取り込み、新鮮な酸素を体内に取り入れた後、体内で生じた二酸化炭素を多く含む空気を吐き出す働きです。

腹式呼吸は「空気を入れるようにお腹を膨らまして、空気を出すようにお腹を凹ませなさい」とよく解説されますが、空気の出し入れをしているのはお腹ではなく肺。肋骨で囲まれた胸郭に収まった左右1対の臓器です。

この肺そのものは風船のような存在ですから、自分で動ける心臓や胃などとは違って空気を出し入れする機能はありません。空気の出し入れをしているのは、肺のまわりにある筋肉なのです。

胸郭を作っている肋骨には「肋間筋」という筋肉がついています。肋間筋のように、呼吸に関わる筋肉を「呼吸筋」と呼びます。

肋間筋の働きで胸郭が広がると肺も一緒に広がり、肺の内部の気圧が下がります。すると高気圧から低気圧に風が流れ込むように、鼻や口から空気が入ってきます。

次に肋間筋の働きで胸郭が狭くなると、風船のような性質を持つ肺も自然に縮み、肺の気圧が高くなり、空気が自然に体外へと排出されていきます。

このように胸郭の伸縮をおもに使って行う呼吸を「胸式呼吸」と呼んでいます。駆け足をした後など「ハァハァ、ゼィゼィ」と肩で息をすることがあります。私はこれを「肩呼吸」と呼んでいますが、これは肩を上下させて胸郭を動かしている、緊急時限定の胸式呼吸の一種です。

それに対して腹式呼吸では、胸郭の底を支えている横隔膜を使っています。横隔膜は単なる膜ではなく、肋間筋と同じく呼吸筋の一種です。

横隔膜はドーム状をしていて、収縮するとお腹の方へ下がり、胸郭が広がって内圧が下がって体外から空気が入ってきます。次に横隔膜が緩むと胸の方へせり上がり、胸郭が狭くなって内圧が上がって、空気が出ていくのです。

横隔膜が下がると内臓が圧迫されて前にせり出してきますし、逆に横隔膜が上がると内臓が引っ込んでお腹が凹みます。このようにお腹の動きを伴い、お腹を意識するとスムーズに行えることから、腹式呼吸と呼ばれているのです。

呼吸に伴う胸郭の動き

胸には胸郭という鳥かごのような骨組みがあり、そこに肺が収められています。胸郭についている呼吸筋の一種である肋間筋の働きで胸郭が広がると（左）、肺の内圧が下がって空気が入ってきます。次に肋間筋の働きで胸郭が狭くなると（右）、空気が出ていくのです。

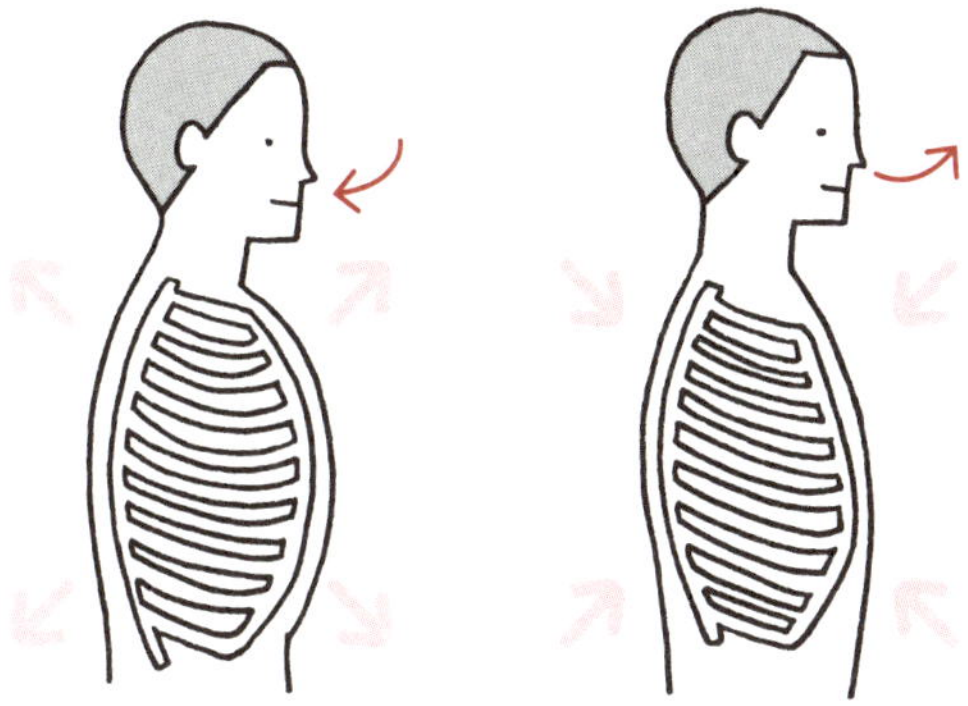

横隔膜の場所と働き

横隔膜は胸郭の底を支えるドーム状の筋肉であり、呼吸筋の一種です。横隔膜が収縮するとお腹の方へ下がり、胸郭を広げる働きがあります。続いて緩むと胸の方へせり上がり、胸郭が狭くなります。

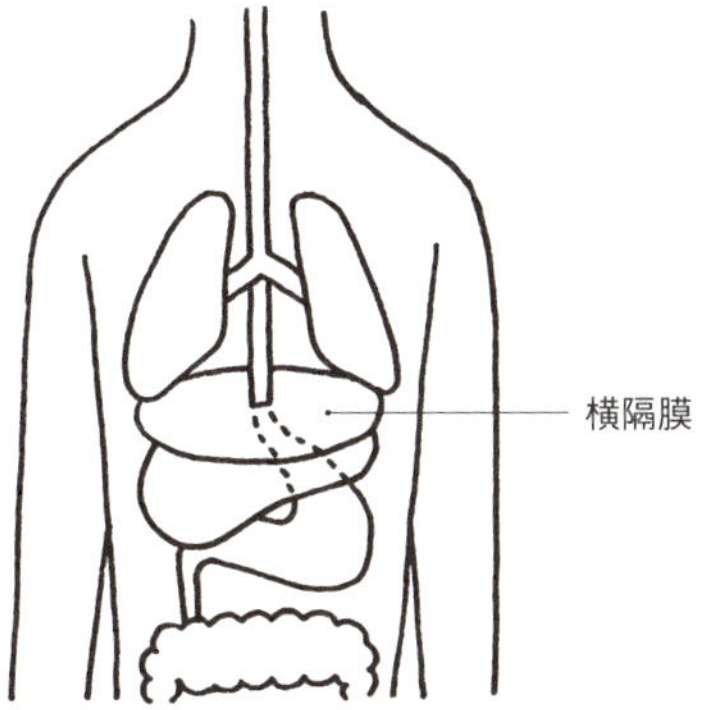

胸式呼吸と腹式呼吸を比べると、胸式呼吸よりも腹式呼吸の方が多くの空気を効率的に出し入れできて深い呼吸が行えます。胸式呼吸で働く胸郭は骨ですから、それほど大きく動けませんが、腹式呼吸で働く横隔膜は筋肉ですから、大きく動けるからです。

胸式の場合、肺は肋骨までしか広げられないので、取り込む酸素の量に限界がありますが、腹式の場合、横隔膜の下にあるのは骨ではなく内臓。内臓は柔らかく、横隔膜により押し下げられても、形を変え移動することができます。練習をしているうちに、より横隔膜を押し下げ、肺を下に広げて吸えるようになり、胸式よりも酸素を多く取り込めます。

もともと動物は胸式呼吸だけをしていましたが、ほ乳類になって腹式呼吸を行うようになったそうです。ほ乳類は体温を一定に保つ恒温動物なので、体内で熱をたくさん作るためにそれだけ多くの酸素を求めるようになり、たくさん吸える腹式呼吸を始めたのです。

腹式呼吸で腹横筋を使うから、お腹が凹みやすくなるのです

では、なぜ腹式呼吸でお腹が凹むのでしょうか？

ここでは知り合いのスポーツトレーナーさんに教えてもらった知識を踏まえながら、少し突っ込んで考えてみましょう。

腹式呼吸では、横隔膜以外の筋肉も呼吸筋として働いています。その一つに「腹横筋《ふくおうきん》」があります。腹式呼吸ではこの腹横筋が鍛えられるため、お腹が凹むのです。

腹横筋はいわゆる腹筋の一種です。腹筋という名前の筋肉はなく、腹筋とはお腹まわりにある腹直筋《ふくちょくきん》、外腹斜筋《がいふくしゃきん》、内腹斜筋《ないふくしゃきん》、そして腹横筋の4種の総称です。

腹直筋はお腹の前面を縦に走っている筋肉。とても長いため、腱によって途中で区切られており、このため腹直筋をトレーニングすると腱で仕切られてお腹が割れてきます。男性たちが憧れている「シックスパック」です。最近では、若い女性でも「お腹を割りた

い！」とシックスパックに憧れる人が増えているようです。

外腹斜筋と内腹斜筋はわき腹にあり、交叉《こうさ》するように斜めに走っています。カラダをひねるときには左右の外腹斜筋と内腹斜筋が連携して働いています。

最後の腹横筋は腹筋でいちばん深いところを走っています。

筋肉は体表に近い部分にあるアウターマッスル（表層筋）と骨格に近く深いところにあるインナーマッスル（深層筋）という2タイプに分けられますが、腹横筋はインナーマッスルの一種です。腹筋では、腹直筋と外腹斜筋がアウターマッスルであり、腹横筋と内腹斜筋がインナーマッスルです。

腹横筋の機能は、横隔膜と連携して腹式呼吸をサポートすることにあります。横隔膜が下がってくるときに、腹横筋が収縮してお腹のスペース（腹腔）がぎゅっと狭くなり、それだけ胸郭の空間を広げて空気を取り込みやすくしているのです。腹式呼吸をつねに意識していると、それだけで腹横筋も鍛えられるようになります。

そして腹横筋は腹筋のなかで唯一、腹巻きのようにお腹をぐるりと巻いています。腹横筋はお腹の前面からお腹を包むように後ろに伸び、背中側で筋膜という丈夫な膜と一体化してお腹をぐるりと一周しているのです。

腹筋を構成する4枚の筋肉

腹筋とは、正面を走る腹直筋、脇腹にある外腹斜筋と内腹斜筋、もっとも深いところを腹巻きのように一周する腹横筋の4枚からなります。腹式呼吸はこのうち腹横筋を刺激して、お腹を凹ます効果を発揮します。

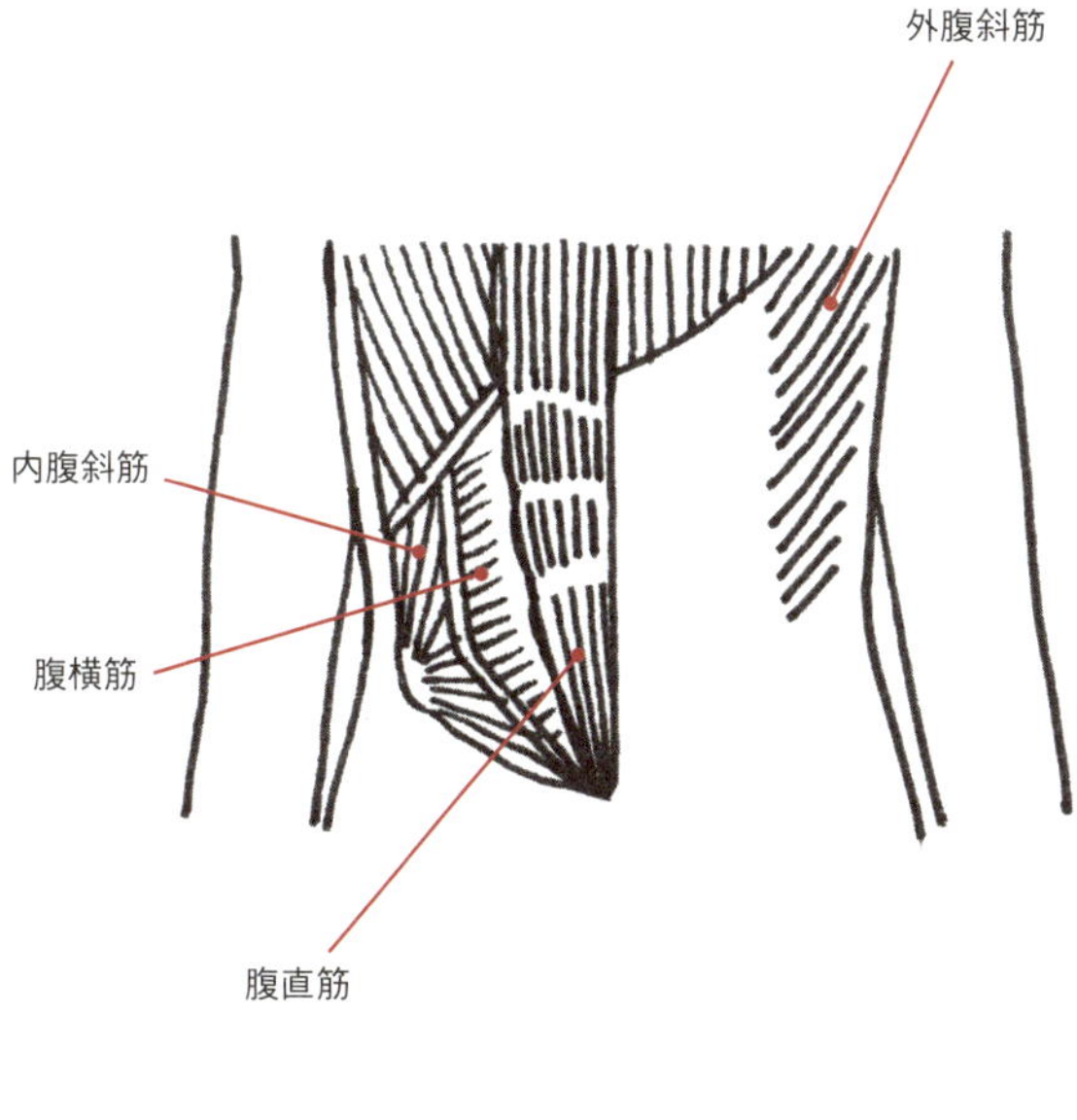

少し前にお腹を凹ます「ドローイン」というエクササイズが大流行しましたが、ドローインもこの腹横筋を刺激して鍛えることで、お腹まわりの引き締めを狙ったエクササイズだったのです。ドローインをしなくても、お腹から声を出しながら腹式呼吸を続ければ、コルセットを締めるように腹横筋でお腹は絞れてきます。

本来私たちのカラダは、胸式呼吸と腹式呼吸を組み合わせて行うように設計されています。ところが、日々のストレスにさらされて緊張感が高くなると、無意識のうちに浅く短い呼吸が主流になってしまい、深い腹式呼吸よりも、比較的浅い胸式呼吸が主体になっているのです。

腹式呼吸が減り、胸式呼吸がメインになっていると、腹横筋が活躍できるチャンスがそれだけ減ってしまい、樽のタガを緩めるようにお腹が出やすくなります。

心臓や胃腸の動きは意識して変えることはできませんが、呼吸は意識的にも無意識的にも行えるのが大きな特徴です。お腹から声を出すときに腹式呼吸を心がけてください。

腹筋運動だけで、お腹を凹ませるのは効率的ではありません

お腹を凹ますために腹筋運動に励んだ経験がある人は多いと思います。

私のまわりにも腹筋運動にトライした方は何人かいますが、ほとんどの方は途中で挫折しています。腹筋運動は退屈で続けるのが難しいうえに、腹筋運動だけでお腹を凹ますのは大変だからです。

ひと口に腹筋運動といっても多くの種目がありますが、もっとも一般的なのは床に仰向けになり、上体を起こす「シットアップ」という種目です。学校の体育の授業や部活の補強トレーニングなどで誰でも一度は経験したことがあるはずです。

シットアップのような腹筋運動では腹筋全体が働いてくれますが、なかでも鍛えられるのはアウターマッスルである腹直筋と外腹斜筋。

アウターマッスルとインナーマッスルを比べると、アウターマッスルの方が総じて大き

く力持ちです。仰向けになって上体を起こすシットアップのように負荷が大きい運動では、力持ちのアウターマッスルが優先的に働く仕組みになっているのです。それに対して内腹斜筋と腹横筋は力が弱いインナーマッスルなので、シットアップのような負荷の大きい腹筋運動では出番があまりありません。

アウターマッスルである腹直筋と外腹斜筋には、残念ながらお腹を凹ます働きは、ほとんど期待できません。

腹直筋は体幹を曲げたり、伸ばしたりする働きがメインであり、外腹斜筋はすでに触れたようにカラダをひねったり、あるいは横に傾けたりするのが仕事。お腹を凹ますには、お腹から声を出す腹式呼吸でコルセット効果の高い腹横筋を鍛えるのが近道なのです。

腹式呼吸はシットアップのような腹筋運動と比べると小さくて地味な動きです。「こんなことでお腹が凹むなんて信じられない」と疑問に思う方もいるかもしれませんが、一日に2万回ほども繰り返している呼吸の1％を腹式呼吸にしたとすると、200回以上も腹横筋を刺激できる計算になります。

1回30分以上の運動を週2回以上行っている人は、成人男性で30%、成人女性で25%ほど。腹筋運動のようなエクササイズは週2〜3回続けられれば良い方ですが、腹式呼吸は毎日でも行えます。一回あたりの効果はそれなりでも、200回×7日で一週間に1400回も続けていれば、やがてコルセット効果でお腹が引き締まるのです。

4段階で腹式呼吸を完全マスター。お腹を凹ませましょう

腹式呼吸の効果を頭に入れたところで、ここから私が提案している腹式呼吸のトレーニング方法を紹介していきたいと思います。それは次の4段階に分かれています。

魚住式4段階腹式呼吸トレーニング

①仰向けで腹式呼吸の感覚をつかむ

②仰向けでお腹に少し重たい本をのせて行う（1）5秒で上げ、5秒で下げる
③仰向けでお腹に少し重たい本をのせて行う（2）5秒で上げ、10秒で下げる
④立ってお腹に手を置いて行う——オフィスや外出先で手軽に行う

これから順番にやり方を説明したいと思います。

はじめは床で仰向けになって行います。これは腹式呼吸が意識しにくい人に勧めている、いちばん簡単な方法です。

誰でも寝ているときは腹式呼吸が優位になっています。背中が固定されて胸郭が動きにくいので、横隔膜を使った腹式呼吸にスイッチしやすいのです。

試しに床に仰向けになって呼吸をしてみましょう。立っているときよりも、お腹が大きく膨らんだり、凹んだりしていませんか？　鼻から息を「スゥー」と吸ってお腹が膨ら

み、口から「フゥー」と吐いてお腹が凹んでいれば、胸式呼吸から腹式呼吸にスイッチできていると思って良いです。

お腹を膨らませるといっても、おへそから下の下腹まで膨らんでしまうのはNG。それではお腹全体から力が抜けてしまいます。腹式呼吸で息を吸うときは、おへそから上の部分を膨らませるようにしてください。

ちなみに腹式呼吸でも胸式呼吸でも、呼吸は鼻から吸って、口から吐くのが基本です。忘れないようにしてください。

鼻は空気清浄機能が付いた保温&保湿器のようなもの。外の空気は鼻を通る間に粘膜でキレイになり、適度な温度に温められ、湿度を加えられてから肺に入ります。空気には適度な温度と湿度があった方がのどと肺にとって優しいのです。空気が乾燥したオフィスで長時間すごし、乾いた空気が鼻ではなく口から入ってしまうと、保温も保湿もされていない空気にさらされたのどがダメージを受けて痛くなることもあります。

日常生活では鼻から吸って鼻から出しても良いのですが、呼吸法を行うときは口から吐いた方が呼気の長さがコントロールしやすくなります。

腹式呼吸の確かめ方

床に仰向けになります。鼻から息を吸ってお腹が膨らみ、口から息を吐いてお腹が凹んでいればOKです。

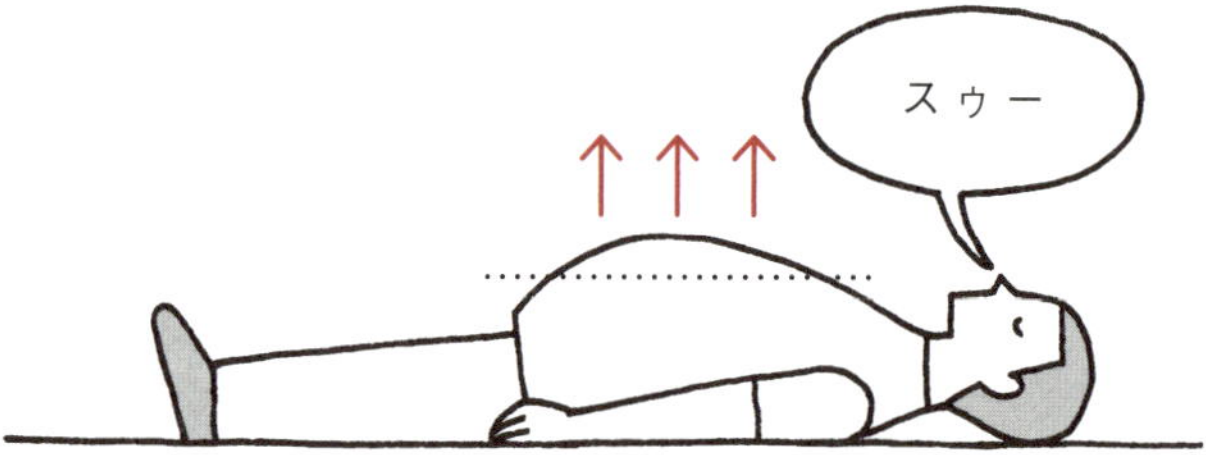

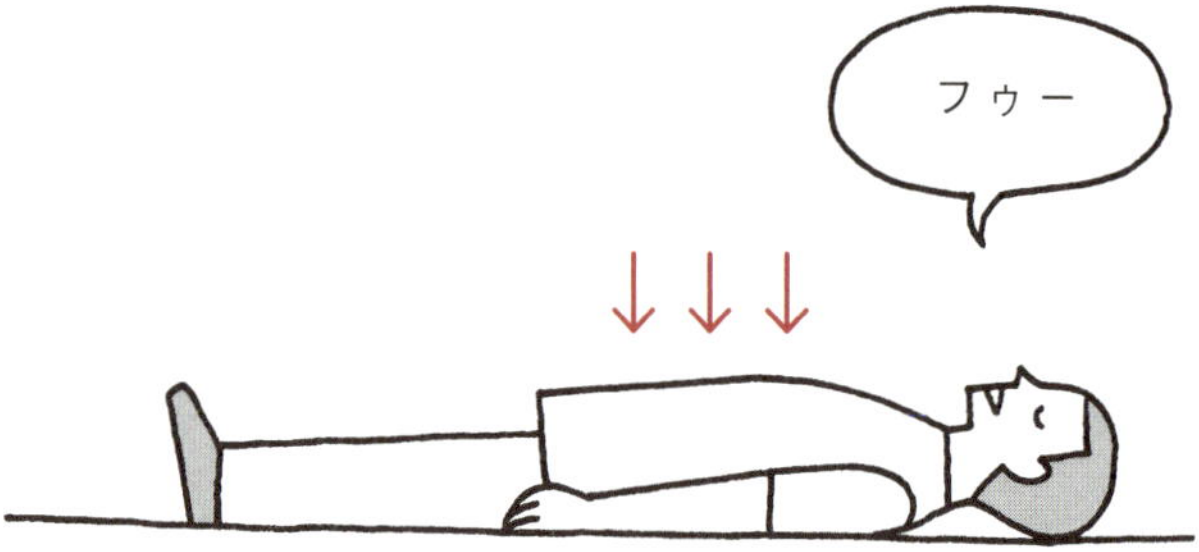

お腹に少し重たい本をのせて、腹式呼吸に合わせてゆっくり上下させてみます

仰向けになって腹式呼吸の感覚がつかめたら、ここからいよいよ本格的な腹式呼吸のトレーニングに入りましょう。

はじめは仰向けでちょっぴり重たい本をお腹にのせて行います。辞書や写真集など少し重たい本を本棚から取り出して準備してください。高校時代、放送部に所属していた私は、お腹にレンガをのせてトレーニングしていました。

やり方はさきほどと同じです。

鼻から息を「スゥー」と吸うとお腹が膨らみ、本が上がります。そして口から口笛を吹くように「フゥー」と強めに吐いてお腹が凹むと、本が下がります。本をのせることでその重みが負荷となり、横隔膜や腹横筋にトレーニング効果を発揮してくれます。

寝ながら腹式呼吸のトレーニング

床に仰向けになり、お腹にちょっぴり重たい本をのせます。5秒間かけて鼻から息を吸います。お腹が膨らませ、本を持ち上げます。そのあと、5秒間かけて口から息を吐きます。お腹を凹ませながら、本を下げます。3～5セットを目標に。

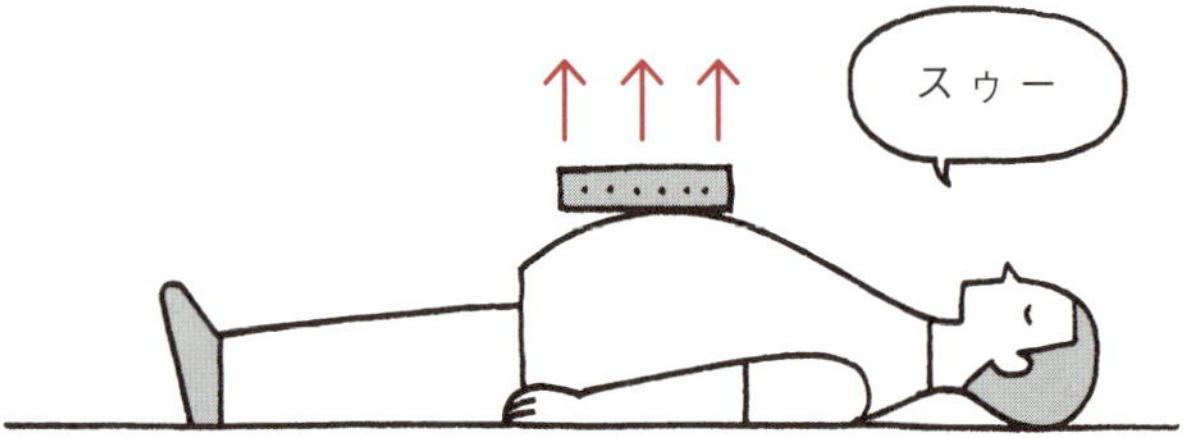

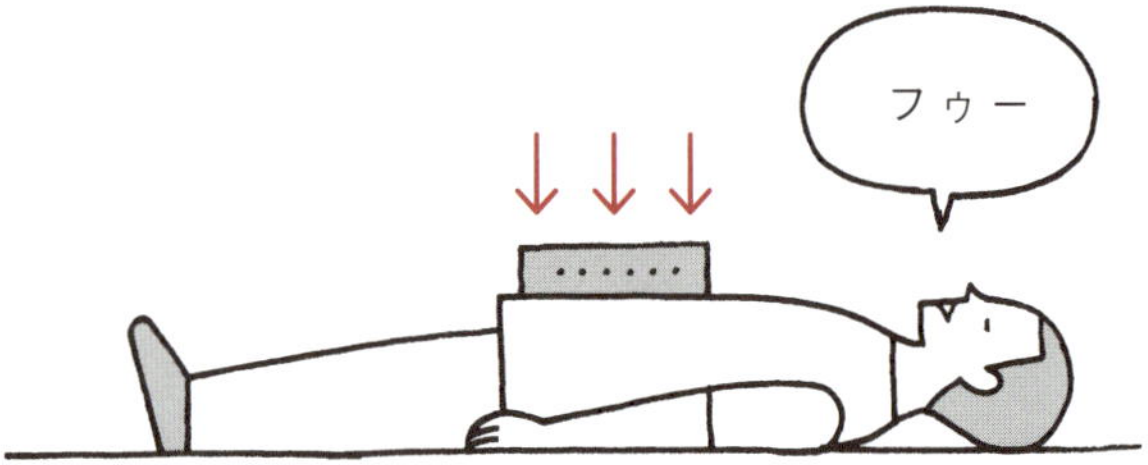

すでに触れたように、横隔膜や腹横筋のようなインナーマッスルは大きい負荷をかけると鍛えにくいのが特徴。無理に大きい負荷をかけると、腹直筋などの力自慢のアウターマッスルが出しゃばってきますから、本やレンガくらいの重みが適切なのです。

そこで本をのせたトレーニングでは時間を意識してみます。小さい負荷でもゆっくり時間をかけて行うとそれだけ筋肉への刺激はアップするからです。これはいわゆる「スロートレーニング」を応用したものです。

はじめの（1）では、5秒間かけて鼻から息を吸ってお腹を膨らまして本を上げ、5秒間かけて口から息を吐いてお腹を凹ませて本を下げます。時計を見ながら行うのは面倒ですから、頭のなかで1、2、3、4、5とカウントしてみてください。これを3セットから始めて5セットを目標にやってみましょう。

段階的に時間を延ばします。夜眠る前、朝起きたときの習慣にすると続けやすくなります

5セット確実に上下できるようになったら、次の（2）では息をコントロールする時間を延ばして同じようにやってみます。5秒間かけて鼻から息を吸って本を上げたら、10秒間かけて口から息を吐いて本を下げるのです。これも時計を見ながら10秒計るのではなく、10カウントでOK。これも3～5セットやってみましょう。

真面目に続けているとお腹の奥や背中に筋肉痛を感じるはず。私のスクールの生徒さんにも「呼吸くらいで腹筋が筋肉痛になるなんて信じられません！」と驚く方もいますが、それだけ普段腹式呼吸をせずに横隔膜と腹横筋が衰えていた証拠。筋肉痛は腹式呼吸で横隔膜と腹横筋が使えているというサインです。

時間が長くなっても、空気を均等に吐くことを意識してください。息の量が一定でない

と、お腹から発声したときに声が震えてしまいます。

一定の声量と音質を保って話すためにも、1秒目から5秒目まで「スゥーーーーー」と息を吸い続けたら、1秒目から10秒目まで「フゥーーーーー」と息を吐き続けます。始めに息を吸いすぎて後半になって吸えなくなったり、息を吐きすぎて後半に入って苦しくなったりしないように気をつけてください。

5秒間で吸って10秒間で吐いてを繰り返して5セット本を上下させられたら、横隔膜と腹横筋にはしっかりと刺激が入り、トレーニング効果が上がっているはずです。

私はいまでも眠る前、ベッドでお腹に本をのせてこの腹式呼吸トレーニングを続けています。横になるタイミングは眠るときですから、夜眠る前、もしくは朝起きたときの習慣に付け加えると継続しやすく、トレーニング効果も上がります。

お腹に手を添えて、立ったままで腹式呼吸を行ってみましょう

魚住式4段階腹式呼吸トレーニングの③に移ったら、並行して④にも取り組んでください。立って行う腹式呼吸のトレーニングを開始するのです。日常生活では仰向けで声を出す機会はありませんから、より実践的に立って腹式呼吸でお腹から声が出せるようにしておくのです。

立って行う腹式呼吸なら、オフィスや外出先でも行えます。たとえば、エレベーターに一人で乗っているときなどでも、手軽に実行できるのです。

立位での腹式呼吸トレーニングは次の4つのステップで行ってください。

ステップ1　姿勢を整えて準備します

壁に背中を向けて立ちます。両腕を体側に下げて両足は肩幅くらいに開いておきます。

首と肩から力をすっかり抜いて肩を下げます。うまく力が抜けないときは、のちほど紹介する筋弛緩法（70ページ参照）を試してみてください。そしてお腹に意識を集中させるために、片手をお腹に添えておきます。

ステップ2　口から息を吐いてお腹を凹ませます

準備が終わったら、口から「フゥー」と息を吐きながら、お腹に添えた片手で押しながらお腹をゆっくりと凹ませていきます。お腹がギリギリまで凹み、腰のカーブがフラットになって完全に壁につくまで頑張ってみましょう。

お腹を凹ますとき、お腹に添えた手とお腹を押し合うようにしてください。こうすると腹横筋にやや強めの刺激が入り、トレーニング効果が高まります。

ステップ3　鼻から一気に空気を吸い込んでお腹を膨らませます

息を吐き切ったら、鼻から息を一気に吸い込みます。このときは単にお腹を緩めるだけではなく、腹筋を使ってわざとお腹を大きく膨らませてみてください。力を入れると首と肩に力が入りやすいので、終始リラックスするようにしましょう。

ステップ4

吸うところから始めてみましょう

ステップ2からステップ3までを何回かリピートして慣れてきたら、次はステップ3↓ステップ2と、吸うところから始めてみてください。

吸うときにお腹を膨らませる感覚がつかみにくいと感じたら、息を吸いながら背中の筋肉を下げる気持ちでやってみてください。男性は、息を思い切り吸い込もうとすると、肩と胸の筋肉を動かし、胸式呼吸になる傾向があります。リラックスして肩と胸の筋肉を動かさないように気をつけましょう。

立位での腹式呼吸のトレーニング

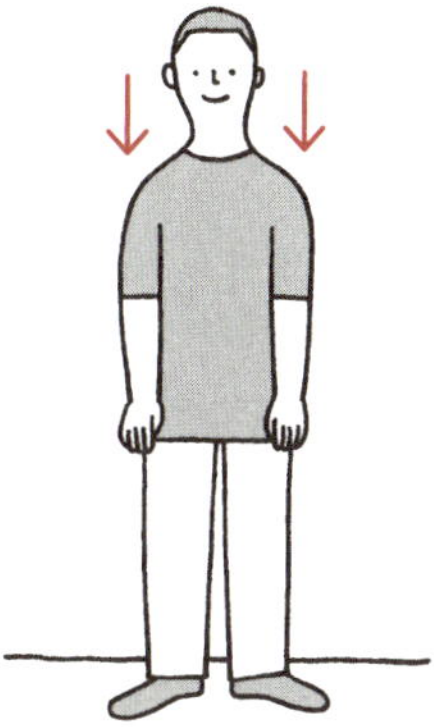

① 壁に背中を向けて立ちます。頭からかかとまでを壁につけて、両腕を体側に下げて両足は肩幅くらいに開いておきます。首と肩から力をすっかり抜いて肩を下げます。

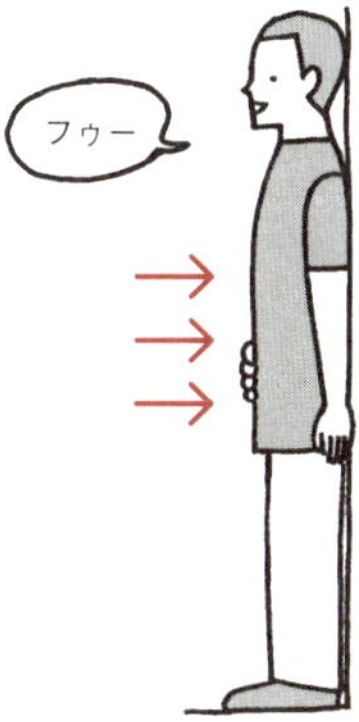

② 口から「フゥー」と息を吐きながら、お腹に添えた片手で押しながらお腹をゆっくりと凹ませていきます。

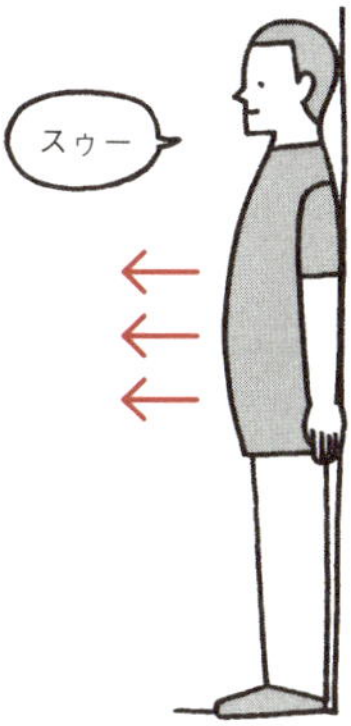

③ 息を吐き切ったら、鼻から息を一気に吸い込みます。わざとお腹を大きく膨らませるようにやってみましょう。

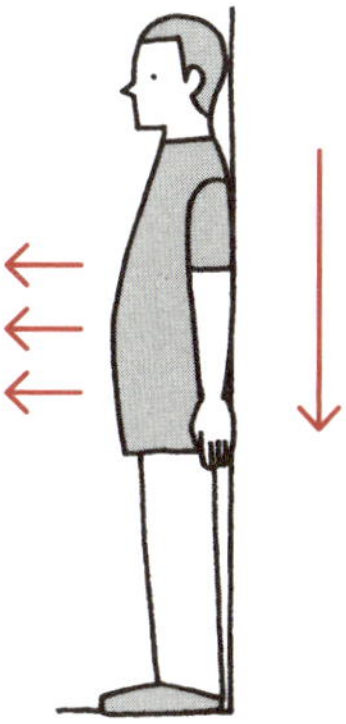

④ ②から③を何回かリピートします。その後、③から②の順番で行います。お腹が膨らみにくいときは背中を下げてみます。

一度力を入れてから抜く シンプルな筋弛緩法で 肩と首の力を抜きましょう

はじめのうちは、腹式呼吸でお腹を意識しようとすると力んで首と肩に余計な力が入り、首をすくめて肩が上がってくる場合があります。

これではお腹から大きな声は出せません。お腹まわりにだけ力が入り、その他は力を抜いてリラックスするのが理想ですが、「リラックスしよう」と意識しすぎると皮肉なことに力みやすくなります。

そこで試してほしいのが「筋弛緩法《きんしかんほう》（漸進的筋弛緩法）」です。

筋弛緩法は、90年ほど前にアメリカ人医師のエドモンド・ジェイコブソンさんが開発した古典的なリラクセーションメソッド。筋肉を完全にリラックスさせるために緊張と弛緩を繰り返す方法であり、文部科学省のウェブサイトでもやり方が紹介されています。

力を抜こうとしても、普通は自分が力んでいることにも気づかないものです。そこで逆に一度力んで筋肉を緊張させてから、パッと力を抜くと弛緩した状態がどういうものかがわかるようになります。それを繰り返すと自然に力が抜けるようになるのです。

試しに両肩を引き上げ、首をすくめるように力を入れてみてください。その後、力を抜いて肩をストンと落としてみましょう。どうでしょうか、力を入れる前よりも、リラックスした感覚がつかめるようになっていませんか？　この反応をうまく利用してやるのが、筋弛緩法なのです。

筋弛緩法のやり方はとってもシンプル。ターゲットとする部位に息を吸いながら10秒間くらい力を入れてから、息を吐きながら一気に脱力させて15〜20秒ほど腹式呼吸を行って弛緩させるだけです。最初に力を入れすぎると緊張が取れにくくなりますから、全力の60〜70％程度の力み具合にセーブするのがポイントです。

本来ならば両手から爪先まで全身を順番に緊張↓弛緩↓緊張↓弛緩……と繰り返していくそうですが、それだと時間がかかりすぎます。力みやすい人は腹式呼吸に焦点を絞って、肩と首だけを筋弛緩法で緩めて準備をしておきましょう。

腹式呼吸で腹横筋を鍛えると体脂肪が燃えやすくなります

腹式呼吸でお腹から声が出せるようになると、お腹まわりがすっきりしてきます。なぜならお腹を凹ませてくれる腹横筋が活性化して贅肉を燃やしてくれるからです。

アウターマッスルの上には皮下脂肪がついています。お腹に限らず、ヒトのカラダは外側から順に皮膚、皮下脂肪、アウターマッスルという構造になっているのです。この皮下脂肪が指でつまめる贅肉の正体です。

腹直筋と外腹斜筋を腹筋運動でいくら鍛えたとしても、皮下脂肪がその上にたっぷりのっていたら、贅肉で作られた腹巻きを巻いているようなもの。努力の甲斐あり、腹直筋が6つに割れるシックスパックになったとしても、その上から脂肪の腹巻きを巻いたら何にもなりません。

腹式呼吸で腹横筋を鍛えると、皮下脂肪も落ちやすくなります。なぜなら、腹横筋のようなインナーマッスルは脂肪を燃やしやすい性質を持っているからです。その背景には、アウターマッスルとインナーマッスルの質の違いがあります。

詳しくみてみると筋肉は、遅筋線維と速筋線維という2種類の線維をブレンドしたものです。遅筋は赤く見えることから赤筋、速筋は白っぽく見えることから白筋とも呼ばれています。アウターマッスルもインナーマッスルも遅筋と速筋からなりますが、力が強いアウターマッスルには速筋が多めであり、力が弱いインナーマッスルには遅筋が多めに含まれているという特徴があります。

速筋の方が力持ちであり、遅筋は力が弱くても持久力に優れています。呼吸で働く腹横筋のように、休まないで動き続けるインナーマッスルには持久力に優れた遅筋が多く入っていないと持たないのです。

遅筋と速筋を比べると、遅筋の方が脂肪を燃やしやすいという特徴があります。脂肪をエネルギーとして代謝するときには酸素が必要ですが、遅筋が赤く見えるのは筋肉内に酸素を貯蔵するミオグロビンという色素が多いためなのです。ちなみに、マグロやカツオのようにずっと大海原を回遊する魚の身が赤いのは、遅筋が豊富でミオグロビンが多いからであり、ヒラメのように海底に潜んで一瞬の動きで獲物を捕らえる魚の身が白いのは、速筋が多くて遅筋が少ないからだそうです。

内臓脂肪に続いて、皮下脂肪が落ちてくると、お腹が割れて見えます

体脂肪には、皮下脂肪以外にも内臓脂肪があります。内臓脂肪は、その名の通り、お腹の奥の内臓のまわりに潜んでおり、お腹を内側から膨らませています。

皮下脂肪と内臓脂肪を比べると、内臓脂肪の方が代謝されやすく、先に落ちるという特徴があります。このことから、内臓脂肪は引き出しやすい日常生活のための普通預金、皮下脂肪はいざというときに備え貯えた定期預金にたとえられることもあります。

腹式呼吸で腹横筋を刺激すると、始めのうちは普通預金である内臓脂肪から先に減ってきます。それを、習慣化して日々コツコツと続けていると、そのうち普通預金が減って定期預金を解約して使わざるを得なくなり皮下脂肪も減ってきます。さらに続ければ、割れた腹直筋にスポットライトが当たるようになるはずです。

プライベートジムの広告で、お腹がでっぷり出ている太った人が、2ヵ月でお腹がバキバキに割れた若々しいナイスバディに変身している姿を見かけることがあります。「たった2ヵ月でお腹が割れるなんてすごいなあ」と見かけるたびに感心するのですが、知り合いのトレーナーさんに言わせると、筋肉を鍛え始めてから見かけが変わるまでには、最短でも2ヵ月はかかるとか。お腹が割れて見えるのは、トレーニングと同時に行うダイエット効果により、皮下脂肪が落ちた結果だそうです。

腹筋を熱心にトレーニングしなくても、やせて皮下脂肪が落ちるとお腹は割れて見えます。腹直筋は始めから割れているので、皮下脂肪という贅肉の腹巻きを脱がせてやると、シックスパックに近づきやすいのです。

男性は女性と比べると、運動不足と過食で体脂肪が増える際には、皮下脂肪よりも内臓脂肪が溜まりやすいという特徴があります。女性ホルモンには、女性の生殖器を守るために体脂肪をお腹まわりを中心に皮下脂肪として貯める働きがあるのですが、男性は女性よりも女性ホルモンが少ないので（男性でも女性ホルモン、女性でも男性ホルモンをそれぞれ分泌しています！）、太ってくると内臓脂肪が溜まりやすいのです。
内臓脂肪の溜まりすぎは、お腹が出てきて老けて見えてカッコ悪いという外見上の問題以外にも、大切なあなたの健康にも悪い影響を与えてしまいます。

脂肪細胞は単に体脂肪を貯めるだけではなく、ホルモンに似た作用を持つ物質を出しています。これを「アディポサイトカイン」といいます。アディポサイトカインには、コレステロールと同じように善玉と悪玉がありますが、太って内臓脂肪が溜まりすぎると善玉が減って悪玉が増えてきます。その結果、血圧が上がったり、血糖値が下がりにくくなったりして、生活習慣病の引き金にもなりかねません。

内臓脂肪の溜まりすぎで、生活習慣病のリスクが高くなった状態がおなじみの「メタボリックシンドローム（メタボ）」。ヘソの高さで測る腹囲が男性で85cm、女性で90cmを超えると、内臓脂肪の溜まりすぎによる「内臓脂肪型肥満」の恐れがあり、血圧などの基準が正常値を超えると医師からメタボと診断されます。
厚生労働省の調査によると、成人男性の2人に1人、成人女性の6人に1人はメタボかその予備群だと考えられています。お腹まわりが気になる人は、いますぐ腹式呼吸で内臓脂肪を溜めない生活を始めてみてください。

腹式呼吸によって加齢による自律神経の乱れが整ってきます

腹式呼吸には、お腹を凹ませて贅肉を燃やす以外にもさまざまなご利益《りやく》があります。まず挙げたいのは、自律神経を整える効果です。

自律神経とは、血液の循環や内臓の機能など生きるために最低限必要な機能を自動的に整えているシステム。前述のように、カラダを活動モードにしてくれる交感神経、リラックスモードに導いてくれる副交感神経の2系統があります。

状況に応じて交感神経と副交感神経をバランスよく上手に切り替えるのが理想ですが、加齢とともに副交感神経の働きは少しずつ低下するため、相対的に交感神経の働きが強くなる傾向があり、自律神経のバランスが崩れやすくなります。

さらに多忙な現代人には、環境や対人関係から絶え間ないストレスが加わり、緊張を強いられます。緊張するとますます交感神経が優位になりやすい体内環境となり、副交感神経が相対的に弱くなって自律神経はいっそうアンバランスになります。

こうした自律神経のアンバランスは、疲労感、無気力、冷え、便秘や下痢といった不快な症状の引き金となることも多いと言われています。それを手軽に整えて自律神経のアンチエイジングに役立つのが、腹式呼吸なのです。

前述のように呼吸は意識的にも無意識的にも行えますが、無意識に行っているときは自律神経の支配を受けています。

短い浅い呼吸がクセになって胸式呼吸が優位になってくると、交感神経の活動が刺激されます。交感神経は胸式呼吸を誘導しやすいので、悪循環から抜け出しにくいのです。私のスクールの生徒さんでも、腹式呼吸にすっと入っていけない方には、仕事などのストレスが強くて交感神経が優位になっている方が少なくありません。

反対に深く長い腹式呼吸が優位になると、副交感神経の活動が刺激されるようになります。そして副交感神経は腹式呼吸を誘導しやすいので、自律神経のバランスが整い、緊張がオフになって深いリラクセーションが得られるようになります。

ヨガや瞑想でも腹式呼吸を重視しているのは、副交感神経を優位に導いてリラクセーションを得るためなのです。

腹式呼吸を身につけると説得力のあるプレゼンテーションが行えます

腹式呼吸を身につけるとお腹からしっかり声が出せるようになります。それはビジネスパーソンの大きな武器になります。

浅く短い胸式呼吸がクセになっていると、息が続かないので、途切れ途切れにか細い声で話すしかありません。

でも、それでは語っている内容がどんなに正しいとしても、聞いている相手の心には響きません。何を語るかという以前に、それをどのように語るかで第一印象はガラリと変わってしまうのです。そして第一印象に二度目はありませんから、一度固定化したイメージを覆すのはとても大変な作業です。

腹式呼吸をマスターしてお腹から伸びやかに長く声が出せるようになると、自分が語りたい内容に関して余裕を持って伝えることができるようになります。それは内面から出てくる自信にもつながりますから、相手も注意深く聞いてくれるようになります。自信のある人の発言は自然に関心と注目を集めるものなのです。

ただ私は、腹式呼吸でお腹から声を出しさえすれば、内容は空疎でも構わないと主張しているわけではありません。

いくら自信ありげに朗々とプレゼンテーションしたとしても、肝心の中身がプアでは聞く人の心を打つことはできません。でも、語るべき内容が充実しているのに、その語り方がプアでは聞いている人の心には響きませんから、もったいないと思うのです。

こうした話をするときに私が頭のなかでイメージしているのは、高視聴率を記録したテレビドラマ『リーガル・ハイ』（フジテレビ系列）や『半沢直樹』（TBS系列）で主演をなさった俳優の堺雅人さんの演技です。

どちらのドラマも長セリフを一気に言い切るシーンが印象的でしたが、それは腹式呼吸の賜物。そして弁護士や銀行員といった信頼感が問われる役柄を演じるうえでは、浅い呼吸で息継ぎを頻繁に入れながら途切れ途切れに語るよりも、腹式呼吸で一定の声量を保ったまま、ワンブレスで語り通した方がずっと信頼感は上がるのでしょう。堺さんは早稲田大学在学中、演劇をやられていたそうなので、そこでしっかり腹式呼吸をマスターされたのかもしれません。

ビジネスパーソン向けにプレゼンテーションの極意を解説するビジネス書が多数出版されています。その内容を咀嚼することももちろん重要なのですが、その成果を120％活かすためにも、腹式呼吸でお腹から安定した声を出し続ける訓練をしてください。

魚住式食事術❷

野菜をたくさん、果物は少なめにする

魚住家の食卓の主役になっているのは野菜。私は小松菜やホウレンソウといった青菜のおひたしや胡麻和え、トマトやピーマンなどが大好きです。とくに小松菜が好物なので、一束茹でると一人で平らげてしまうほどです。

野菜は子どもの頃から大好きですが、大人になって改めて考えてみると、野菜は最強のアンチエイジング食材です。

野菜の大半は水分で低カロリーですから、たっぷり食べても太る心配はありません。しかも食物繊維が豊富なので野菜を食べるとお腹が膨らみ、あとからご飯やパンを食べても血糖値の上昇を緩やかに抑えてくれます。

小松菜やホウレンソウ、トマト、ピーマンといった色の濃い緑黄色野菜には、ビタミンやミネラルといった不足しやすい栄養素が含まれています。加えて野菜には、色や香りの

元となる「フィトケミカル」という植物特有の成分が含まれています。フィトケミカルには有害な活性酸素を無力化する抗酸化作用、免疫力をアップさせる作用などがあり、アンチエイジングに威力を発揮してくれます。緑黄色野菜に含まれるβ-カロテンやビタミンCといったビタミンにも、同様に抗酸化作用があります。

厚生労働省は1日350g以上の野菜を食べることを勧めていますが、日本人の野菜摂取量は平均して1日290g程度に留まっているそうです。

日頃から野菜不足を感じている人は、頑張って野菜料理をもうひと皿だけプラスしてみましょう。おひたしなどの野菜料理はひと皿平均70gくらいなので、ひと皿プラスすれば野菜不足の解消につながります。

果物にも野菜と同じようにビタミン、ミネラル、フィトケミカルは含まれていますが、同時に糖質もリッチなので食べすぎると太りやすくなります。

ことに濃縮還元された果物ジュースを飲むと、一度に大量の糖質がカラダに入ってきて危険です。

口角を上げて
ニッコリ。
それだけで
若返ります！

第3章 笑顔で若々しい表情を手に入れます

笑顔こそが若々しい表情を作ってくれます

私たちは人前ではいつも服をまとっていますから、カラダのエイジングはある程度服で誤魔化すことができます。

しかし、顔はつねに露出していますから、カラダのような誤魔化しは利きません。女性はメイクでカバーできる部分もありますが、それにも限界があります。メイクをしない男性はより年齢が顔と表情に出やすくなります。

腹式呼吸で頑張って体形を整えたとしても、表情が暗くて全体的に老けて見えてしまうとしたら、もったいないですよね。誤魔化しが利かない部分だからこそ、顔が作る表情のアンチエイジングを心がけていきましょう。

若々しい表情を作るコツはズバリ「笑顔」にあります。

子どもたちの若々しい明るい笑顔を思い出してください。明るい笑顔を見てエイジングを感じる人はいませんよね。

けれど、多くの日本人は笑うのがちょっと苦手。無表情がクセになっている人も少なくないと思います。欧米人は日本人と比べて表情が豊かであり、彼らから「日本人は無表情で何を考えているかわからない」と不思議がられることもしばしばです。

無表情で苦虫を噛みつぶしたように眉間にシワを寄せていると、歳以上に老けて見えてしまいます。性格俳優なら、眉間のシワは「渋くてカッコいい」と評価されるかもしれませんが、私たちが真似をしてもきっとそんな風には思ってもらえませんね。

俳優で映画監督だった故・伊丹十三さんも「眉間の皺」というエッセイのなかで、ゲイリー・クーパーやハンフリー・ボガート、グレゴリー・ペックといった名優たちと同じく眉間にシワが寄ることを欠点とは思っていなかったのに、まわりからは「神経質そう」「陰気臭い」「世間を狭く見ている」と評判が悪く、「かかる欠陥をどう改造しようかと悩むと、余計に眉間の皺が深くなる」と嘆いています。皆さんも今日から無表情を脱して、眉間のシワを伸ばして笑顔で若々しい表情を手に入れてください。

アンチエイジングのための笑顔は、ジョークがおかしくてお腹を抱えて笑うときの笑顔とは異なります。それは「笑い顔」。良好なコミュニケーションのためにも必要なのは口角が上がった「笑み」。作り笑いというと聞こえが悪いですが、意図的なスマイルです。

誰かと話すときには笑顔が基本ですし、声を出すためには、口まわりを中心として顔を柔軟にすることが求められます。こうした話すため、声を出すための基礎的なトレーニングが意図的なスマイル作りに役立ちます。

表情筋を鍛えると笑顔が作りやすくなり、顔色も明るくなります

笑顔を作るのが苦手なタイプは、単に笑顔の習慣がないだけではありません。おそらく表情を作っている顔の表情筋という筋肉が衰えているからでもあるでしょう。

表情筋が衰えていると、笑おうと思っても顔が妙に引きつるだけで、思ったように笑えなくなります。

顔にはおよそ30種類もの筋肉があるとか。顔の筋肉はモノを噛む咀嚼のための筋肉と、表情を作るための表情筋に大別されます。

腹筋などの筋肉は専門的には骨格筋と呼ばれていて、関節をまたいで骨と骨についていますが、表情筋は骨ではなく皮膚についています。それゆえに筋肉の伸縮で豊かな表情が作り出せるのです。

この表情筋が衰える最大の理由は、無表情がクセになって笑顔がないこと。

骨折やひどい捻挫などの怪我でギプスで固定して動かさなくすると、筋肉はみるみる細くなってしまいます。このように筋肉には「使わないと衰える」というシンプルなルールがあります。表情筋をもっとも使うのは、他ならぬ笑顔。「笑み」を作る習慣がないと表情筋が衰えてしまい、ますます笑顔が作りにくくなるという悪循環に陥ります。

筋肉は「使わないと衰える」のですが、逆にいえば、腹式呼吸で腹横筋が鍛錬されるように「使えば使うほど鍛えられて強くなる」という特徴があります。

手足などの骨格筋はダンベルやバーベルなどで負荷をかけながら鍛えますが、表情筋は薄くて小さな筋肉ですから、笑顔を作るトレーニングをするだけでも十分鍛えられます。表情筋が強化されると笑顔を作りやすくなって表情のアンチエイジングが進み、笑顔を習慣にすると表情筋がさらに強化されるという好循環に変わります。

「いまさらトレーニングなんて……」と二の足を踏まないでください。筋肉は正しくトレーニングすると80歳になっても鍛えられると言われています。遅すぎるということはありませんから、今日から笑顔作りのための表情筋トレーニングを始めてみましょう。

表情筋が鍛えられると、笑顔以外にも美容面でのメリットがあります。

筋肉の内部や周辺には、組織に必要な酸素や栄養素を送り届けるために、毛細血管のネットワークが張り巡らされています。

表情筋を伸縮させると、毛細血管が刺激されて血行が改善しますから、お肌の細胞により多くの酸素や栄養素がデリバリーされるようになります。その結果、顔色がぱっと明るくなり、見た目が若々しくなるのです。

表情筋を鍛えるためのヘン顔エクササイズを毎朝の習慣にしてください

表情筋を鍛えるために私が提案しているのは「ヘン顔エクササイズ」です。口をスムーズに動かして大きな声を出すためのオリジナルの発声練習ですが、同時に表情筋を鍛えることもできるのです。

エクササイズの前には準備運動が必要ですから、まずは第1章で紹介した顔のストレッチと舌のストレッチを行ってください。

魚住式表情筋トレーニング

準備運動①　顔のストレッチ（27ページ参照）

準備運動②　舌のストレッチ（28ページ参照）

ヘン顔エクササイズ

1）目をしっかり開いて、口の形を顔に覚えさせてください。

ア↓オ

ア↓ウ
ウ↓エ
2）笑顔で目元を緩めて、口の形を顔に覚えさせてください。
イ↓ウ
イ↓エ
ア↓エ

「ヘン顔エクササイズ」は鏡の前で口の形を確認しながら行ってください。声を出さなくてもOKです。

魚住式表情筋トレーニングはいつ行ってもいいのですが、いちばんお勧めなのは朝起きてからすぐの時間です。

寝起きの顔を鏡に映してみると、無表情で元気がないように思えませんか？　寝ている間は表情筋を使わないのでお肌の血行が悪くなり、老け顔になっています。何もケアしないと数年後には、いまの起き抜けの老け顔が現実となる恐れがあります。朝のうちに表情

ヘン顔エクササイズ

① 目をしっかり開いて、口の形を顔に覚えさせてください。

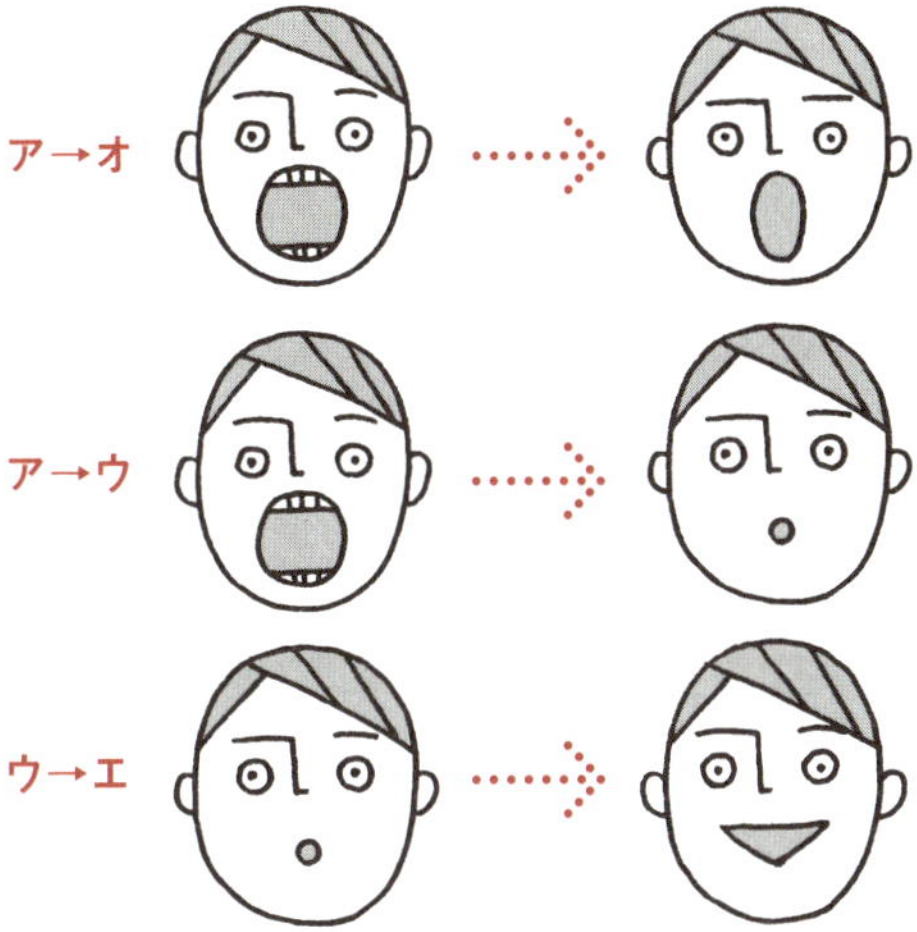

② 笑顔で目元を緩めて、口の形を顔に覚えさせてください。

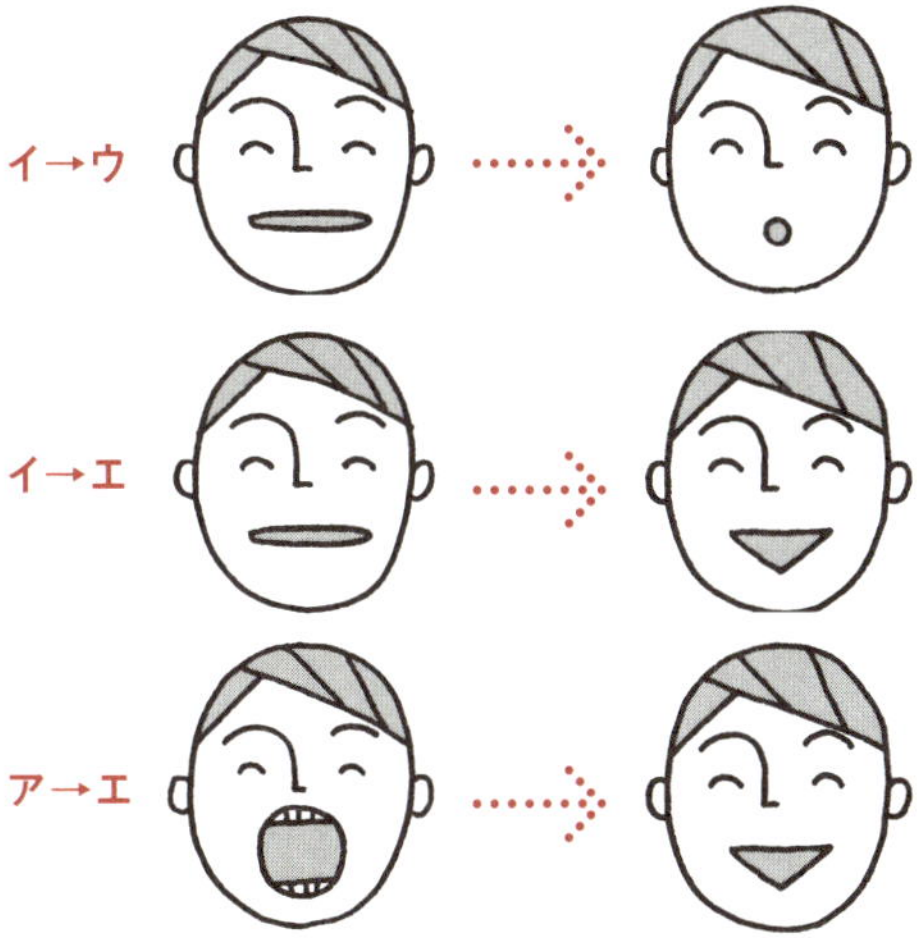

筋トレーニングでリセットしておきましょう。

毎朝リセットしない老け顔のままで仕事に出かけていると、表情筋が動きにくいので、笑顔を作ることがいっそう難しくなります。すると無表情になりがちで若々しさや覇気が感じられないので、周囲から「元気がない」という評価が固まってしまい、仕事にも悪い影響が出かねません。朝の表情筋トレーニングを忘れないようにしてください。

朝起きたら、顔のむくみを取る簡単なマッサージを

朝起きたときは顔がむくみやすくなっています。顔がパンパンにむくむと表情筋の動きが制限されてしまいますから、笑顔が作りにくくなります。むくみがひどくなると、シーツに寄ったシワが顔に転写されて残っていることもあるくらい。そのまま会社に行くと大変なことになります。

寝起きで顔がむくみやすいのは、水分や老廃物の代謝が悪くなり、リンパの流れが滞っ

ているのが原因です。それに加えて睡眠が足りない、疲れが溜まっている、お酒の飲みすぎといったマイナスの要素が積み重なると、さらに顔はむくみやすくなり、笑顔からどんどん遠ざかってしまいます。

顔のむくみを感じたら、私が毎朝行っている「むくみ解消エクササイズ」を試してみてください。3回ほど繰り返してしばらくすると、リンパの流れが改善して徐々にむくみが軽くなっていくはずです。その後、表情筋トレーニングを行いましょう。むくみを取り、筋肉を活性化すると、さらに小顔になること間違いなし!

魚住式むくみ解消エクササイズ

① ほお骨のすぐ下をツボ押し

口角を上げて笑顔を作るポイントはほお骨の筋肉です。ほお骨のすぐ下にある凹みに親指を当てて押し込んだら、軽く持ち上げるようにマッサージしてみましょう。

無表情がクセになっているタイプほど、押すと響くような痛みがあるはず。表情筋が刺激されて笑顔が作りやすくなります。ここには「顴髎《けんりょう》」というツボがあります。このツボを押すと、老廃物を押し流して、むくみを取る効果があると言われています。

②こめかみまでマッサージ

ほお骨からこめかみまで、親指で押しながらマッサージしていきます。こめかみのそばには、やはりむくみ解消に効くと言われている「太陽」というツボがあります。

③耳のマッサージ

こめかみまでマッサージしたら、耳たぶを人差し指と中指で挟み、リズミカルに前後にパタパタさせます。

顔全体の緊張をオフにするイメージで力を抜いて行ってみてください。

魚住式むくみ解消エクササイズ

① ほお骨のすぐ下をツボ押し
ほお骨のすぐ下にある凹みに親指を当てて押し込んだら、軽く持ち上げるようにマッサージします。ここには老廃物を押し流してむくみを取ると言われる「顴髎（けんりょう）」というツボがあります。

② こめかみまでマッサージ
ほお骨からこめかみまで、親指で押しながらマッサージします。こめかみのそばには、やはりむくみ解消に効くと言われている「太陽」というツボがあります。

③ 耳のマッサージ
こめかみまでマッサージしたら、耳たぶを人差し指と中指で挟み、リズミカルに前後にパタパタさせます。顔全体の緊張をオフにするイメージで力を抜いて行います。

④ 首すじのマッサージ
親指以外の４本の指を使って、耳のつけねから、鎖骨に向かってさすります。鎖骨の周辺にはリンパが流れ込む場所があります。そこへ向けて溜まったリンパを流し込むイメージです。

④首すじのマッサージ
最後に親指以外の4本の指を使って、耳のつけねから、鎖骨に向かって上から下へ首すじをさすります。首すじから鎖骨にかけてのエリアにはリンパが流れるリンパ管が走っていますから、そこへ向けて代謝が悪くなって滞留していたリンパを流し込むイメージです。

唇まわりを柔らかくして、表情も柔らかくします

口角を上げて感じの良い笑顔を作るためには、唇まわりを柔らかくしておくことが大切になります。そこで私が仕事の前に行っているウォーミングアップを試してみてください。

3～5回ほど続けると唇が動きやすくなり、口角が上がった笑顔が自然に作り出せるよ

うになると思います。ビジネス上の大事なアポイントメント、プライベートな食事会の前に化粧室などでこっそり試してみましょう。素敵な笑みがこぼれるようになり、第一印象が格段に良くなると思います。

魚住式唇のウォーミングアップ術

① 顔のマッサージ

口角を上げて笑うには、唇だけではなく、顔全体の表情筋がスムーズに動くことが大切になります。そこで両手の手のひら全体を使い、顔全体を優しくマッサージします（102ページイラスト参照）。両手をしばらくお湯で温めるか、もしくは両手をこすり合わせて摩擦熱で温めておいてから、マッサージをすると良いでしょう。

仕上げに顔を洗って水気を拭き取り、化粧水や乳液をつけて保湿をしておくと肌の乾燥を防ぐことができますし、皮膚がやわらかくなり、表情も作りやすくなります。さらに、冬場のように唇が乾燥しやすいときは、リップクリームを塗っても良いと思います。

②「パパ、ママ、タカラ」と言ってみる

続いて「パ」「マ」「タ」「カ」「ラ」という5つの音をそれぞれ短く、速く、10回ほど繰り返して発音してみます。

「両親は宝物」という意味で「パパ、ママ、タカラ」と覚えてください。唇のいろいろな動きをひと通りトレーニングできます。

1）パパパパパパパパパパ……「パ」はいわゆる破裂音。唇とのどをいったん閉じてから、急に開放して発する音です。

2）ママママママママママ……「マ」は唇をいったん閉じてから開いて発音します。

3）タタタタタタタタタタ……「タ」は舌を口蓋にくっつけて発音します。「タ」を発音するときは笑顔を意識してみましょう。

4）カカカカカカカカカカ……「カ」はのどの奥を使って発音します。

5）ラララララララララ……「ラ」は舌を上の歯の裏側にくっつけてから離すという少し特殊な方法で発音します。「ラ」を発音するときも笑顔を意識してみましょう。

③ 唇を小刻みに震わせる

上下の唇を軽く閉じたら、アヒルのくちばしのように唇を前に突き出して「プルプルプルプル……」と小刻みに震わせます（102ページイラスト参照）。

④ 巻き舌で唇を小刻みに震わせ「ル」を発音する

唇を軽く開いたら「ルルルルルルル……」と巻き舌で唇を震わせます。

唇のウォーミングアップ術（顔のマッサージ）のやり方

両手の手のひら全体を使い、顔全体を優しくマッサージします。両手を温めておいてからマッサージすると良いでしょう。

唇のウォーミングアップ術（唇を震わせる）のやり方

上下の唇を軽く閉じたら、アヒルのくちばしのように唇を前に突き出して「プルプルプルプル……」と小刻みに震わせます。

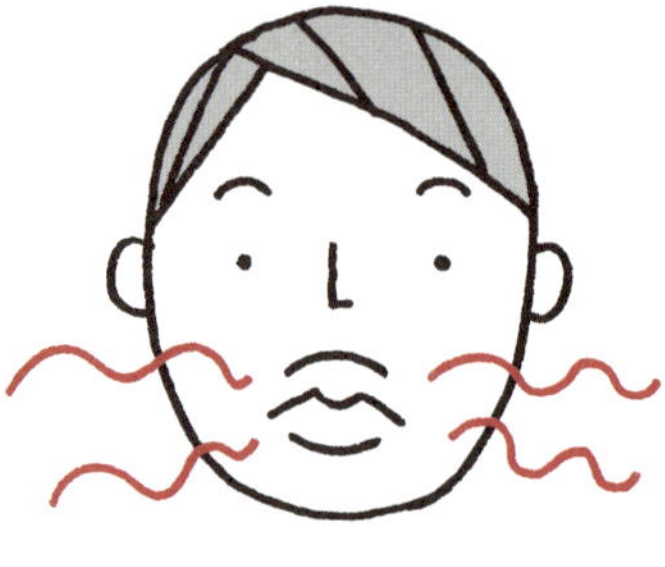

郵便はがき

料金受取人払郵便

小石川局承認

1585

差出有効期間
平成29年3月
31日まで

112-8731

東京都文京区音羽二丁目
十二番二十一号

講談社
第一事業局企画部 行

★この本についてお気づきの点、ご感想などをお教え下さい。
（このハガキに記述していただく内容には、住所、氏名、年齢などの個人情報が含まれています。個人情報保護の観点から、ハガキは通常当出版部内のみで読ませていただきますが、この本の著者に回送することを許諾される場合は下記「許諾する」の欄を丸で囲んで下さい。

このハガキを著者に回送することを　許諾する　・　許諾しない　）

TY 000069-1504

愛読者カード

今後の出版企画の参考にいたしたく存じます。ご記入のうえご投函くださいますようお願いいたします(平成29年3月31日までは切手不要です)。

お買い上げいただいた書籍の題名

a　ご住所　〒□□□-□□□□

b　お名前《ふりがな》

c　年齢(　　　)歳

d　性別　1 男性 2 女性

e　ご職業　1 大学生　2 短大生　3 高校生　4 中学生　5 各種学校生徒　6 教職員　7 公務員　8 会社員(事務系)　9 会社員(技術系)　10会社役員　11研究職　12自由業　13サービス業　14商工業　15自営業　16農林漁業　17主婦　18家事手伝い　19フリーター　20その他(　　　　)

f　本書をどこでお知りになりましたか。
1 新聞広告(新聞名　　　　)　2 雑誌広告　3 新聞記事　4 雑誌記事　5 テレビ・ラジオ　6 書店で見て　7 人にすすめられて　8 その他(　　　　)

g　定期的にご購読中の雑誌があればお書きください。

h　最近おもしろかった本の書名をお教えください。

i　小社発行の月刊ＰＲ誌「本」(年間購読料1000円)について
1 定期購読中　2 定期購読を申し込む　3 申し込まない

笑顔で話していると自然に印象の良い声が出せるようになります

口角を上げて笑顔で話すクセをつけていると、相手にとって聞きやすい声になります。笑顔で会話すると気持ちが和むのは、声の質が良くなるからです。

反対に口を閉じてボソボソと話すと聞き取りにくくなりますし、聞いていてもあまり良い気持ちにはなりませんよね。

その差を生んでいるのは「共鳴」です。

声を出すのは、のどの奥にあり、気管の入り口にあたる「声帯」という器官です。声帯はちょうど「のどぼとけ」の位置にあります。肺から押し出された空気が、この声帯を通過するときに振動して「原音」という声の源になる音が生じます。

この原音をのどから唇までの空間である「口腔」、のどから鼻までの空間である「鼻腔」、あるいは頭蓋骨内の空間で増幅させるのが「共鳴」という作用です。

したがって口を開いたり、閉じたりするだけで「共鳴」の具合が変わり、同じ原音でも違った聞こえ方をするようになります。

私たちヒトが音として聞き取れる音波の周波数は、だいたい20ヘルツから2万ヘルツだと言われています。ヘルツとは音波などの振動数を表す単位です。具体的には1秒間の反復回数であり、20ヘルツなら1秒間に20回繰り返していることになります。私たちが聞き取れない2万ヘルツ以上の周波数を持つものが、超音波です。

周波数が大きければ大きいほど音は高くなります。たとえば、88鍵あるピアノのいちばん左にある白鍵（ラの音）がおよそ28ヘルツであり、ヒトが聞き取れるもっとも低い音に相当しています。動物は一般的にヒトよりも高い音を聞き取る能力が高く、犬は5万ヘルツ、猫は10万ヘルツ、そしてイルカは15万ヘルツまで聞き取れると言われています。

私たちの通常の会話の大半は、500ヘルツから3000ヘルツの間で行われていますが、なかでも聴覚の感度がもっとも良くて聞き取りやすいのは3000ヘルツ近辺だと言われています。正確に言うと、まるでオーケストラのように声にはさまざまな周波数の音が含まれているのですが、とくに3000ヘルツ近辺の音を多く含んでいる声を、心地良い声と感じるのです。

そして口角を上げて適度に「共鳴」させると声には3000ヘルツ近辺の周波数が多く含まれるようになり、相手を心地良い気分にさせる効果があります。それがコミュニケーションを円滑に進めてくれるのです。笑顔の大きな効用です。

時報や番号案内の声、コールセンターでクレーム対応にあたる専門家は、多くの人に不快感を与えないように、この3000ヘルツ近辺の周波数を含む声を出すようにトレーニングしているそうです。コールセンターでクレーム対応に当たる人は、電話の向こう側の顔が見えない相手と話していても、口角を上げた笑顔で話して3000ヘルツあたりの周波数で応対しているのです。

ましてや、面と向かって笑顔で話しかければ、相手の好感度は何倍にもなるのです。

日々の「ありがとう」に笑顔を添えると内側から若々しくなります

日々の暮らしのなかで、ぜひ笑顔を添えたいのは「ありがとう」と相手に感謝の気持ちを伝えるときです。

私にとっての人生のキーワードは「感謝」と「思いやり」です。日常生活でも仕事でも、出会う人たちには基本的に「感謝」と「思いやり」の気持ちで接しています。そこで「ありがとう」と言うときには、必ず口角を上げて笑顔を作っています。

無表情で「ありがとう」と事務的に言うよりも、笑顔とともに「ありがとう」とはっきり発音した方が何倍も感謝の気持ちが伝わりますし、笑顔の効果で相手は若々しい印象を持ってくれるに違いありません。


振り返ってみると、日々の暮らしのなかで誰かに「ありがとう」と言うべきシチュエーションはたくさんあります。

たとえば、毎日のように立ち寄っているコンビニエンスストアのレジで、ついつい無表情で品物を出して支払いを済ませていませんか？

コンビニではひと言も発することなく買い物が済ませられます。その点に魅力を感じる方もいるかもしれませんが、店員さんはロボットではありません。

たとえマニュアル化しているとしても、彼らは必ず来店した人に対しては「いらっしゃいませ」「ありがとうございます」という挨拶をしてくれるはずです。それに対して無表情でただうなずくだけではなく、笑顔で「こんにちは」「ありがとう」と言葉を返してあげてください。

私はいつも立ち寄っているご近所のコンビニでは、レジで品物とお釣りをもらうときに、必ず店員さんの目を見て笑顔で「ありがとう」と声をかけるようにしています。

誰でも笑顔で感謝されると嬉しいものです。

「ありがとう」とこちらが口角を上げた笑顔で言うと、パッと顔が明るくなって向こうも笑顔でまた「ありがとうございます！」と返してくれます。些細なことですが、それだけのやり取りでもお店の雰囲気がパッと明るくなった気がします。

このように笑顔は笑顔を生む連鎖反応があります。その鍵を握っているのは、私たちの脳に潜んでいる「ミラーニューロン」と呼ばれる神経細胞（ニューロン）です。

ミラーニューロンには「共感細胞」という別名があり、相手の喜怒哀楽に共感する感情をもたらしてくれます。泣いている人を見るとこちらも泣きたくなるものですが、同じように笑顔を見るとこちらも笑顔になるもの。それはミラーニューロンの作用なのです。

コンビニだけではありません。オフィス近くの行きつけのコーヒー専門店、ランチによく出かける定食店、急いで乗り込んだタクシーの運転手さん、宅配便を届けてくれた方、オフィスのコピー機の不具合を直しに来てくれた人、会社帰りにちょっと立ち寄る飲み屋さんのおかみさん……。自分に何らかのサービスを提供してくれる人たちに対しては、必ず笑顔で「ありがとう」と声をかけてみてください。それだけで相手も嬉しくなりますし、こちらも笑顔のアンチエイジング効果で若返るのですから、まさに一石二鳥です。若返りのチャンスは一日に何回もあるのです。

「入り口」と「出口」を大切にしながら、そこに笑顔を添えましょう

家のなかでは出入り口である玄関を明るくキレイに整えることが大事だと風水などでは言われていますが、人と人との出会いでも同じように「入り口」と「出口」が大切だと私は思っています。始めに会うときが「入り口」で、別れを告げるときが「出口」です。

「入り口」では、私は「こんにちは。今日は来てくれて本当にありがとう」と笑顔で元気に明るく挨拶をします。単なるコミュニケーションスキルとして捉えるのではなく、心の底から気持ちを込めて挨拶すると、その後のコミュニケーションがスムーズに進みます。その後のミーティングの内容が笑顔で語れるようなものではなかったとしても、「出口」でも笑顔で「ありがとう」と伝えるようにしてください。

その際、相手の顔を見ながら微笑むのが基本ですが、じっと目を見続けると相手は怖くなって引いてしまいがち。とくに私は目が大きいので、目を見続けるのではなく、「ありがとう」を笑顔で伝える際は状況に応じて唇や耳にあえて視線をズラしたりします。

私は家庭内でも笑顔を意識しています。家族にも、朝起きたら笑顔で「おはよう」と挨拶しますし、何か家事を手伝ってもらったら「ありがとう」と笑って感謝します。前日に何か嫌なことがあったとしても、すぐに雰囲気が良くなります。笑顔と挨拶は、家庭円満の秘訣の一つかもしれませんね。

笑顔の習慣が私の人見知りを変えてくれました

私が笑顔を大事にしているのは、私自身が笑顔で救われた経験があるからです。この章の最後に少し個人的な話をさせてください。

私は小さい頃人見知りが激しく、初対面の人と会うときはいつもガチガチに緊張するタイプでした。

子どものときは、誰かに出会うと母親の後ろに隠れて黙っているタイプ。

「隠れていないで、きちんと挨拶をしなさい」

そう母に促されても、背中に隠れたままで半べソをかいていました。これでよくアナウンサーという職業につけたものだと自分でも思います。学校ではクラス替えがあるたびにドキドキして、慣れるまではクラスメイトにもなかなか本当の自分が出せない人見知りな子どもだったのですから。

母とはとても仲が良くて、小さいときから一緒に買いものなどに出かける機会が多かったのですが、母と一緒でも私は恥ずかしくて店員さんとも顔を合わせてまともに会話ができません。たとえば、お菓子を買って包んでもらった包装紙が破れていることに気がついたとしても、「包み直してください」と言い出せなくて、破れた包装紙に包まれたお菓子をそのまま持って帰るような状況でした。うっかり一人でデパートに入ろうものなら、気に入ったアイテムがあっても緊張して買えない始末です。

母はそんな私を間近で見ていて将来に対して危機感を覚えてくれたらしく、彼女なりのスパルタ式で鍛えてくれました。

私は高校卒業までは故郷である広島市で暮らしていましたが、大学は広島市を離れて東京で進学したいと決めていました。でも、母は「このままでは東京での暮らしに対応できない大学生になる！」と危機感を覚えたのでしょう。高校生の私を何度か東京へ連れ出してくれました。

東京では、道を歩いている人たちがみんな芸能人みたいに輝いて見えました。広島市内の主な交通機関は路面電車とバスですから、山手線や地下鉄の乗り方もよくわからず、ますます萎縮したのを覚えています。

そんな私の姿を見るたびに母は「そんなことであなた、これからどうするの！」と叱咤激励してくれました。真剣に心配してくれた母には感謝の言葉しかありません。


こんな筋金入りの人見知りを救ってくれたのが、他ならぬ笑顔です。

地元広島で高校時代にアナウンス部に所属した私は、笑顔で元気に大きな声を出すトレーニングを続けていました。そして高校生活も終盤になると、人に笑顔で接すると場が和み、自分も相手も緊張がオフになり、コミュニケーションが円滑に進むことに気がつきました。それからはアナウンスのトレーニング以外のシーンでも進んで笑顔で接するようになり、人見知りを克服できたのです。笑顔の力に気づかなかったら、私はアナウンサーになることもなかったかもしれないですね。

新人アナ時代の私を救ってくれたのもやはり笑顔の力でした

アナウンサーになって私が苦手だったのが、街頭インタビューです。

新人アナはトレーニングを兼ねて突撃型の街頭インタビューを担当する機会がありました。もともと引っ込み思案な性格なのに、道を歩いている人にいきなりマイクを向けて話を聞く仕事は辛いものでした。

そんな辛い仕事を無事に乗り切れたのも、笑顔の力があったからです。

私は日本テレビの新人局アナ時代、『クイズ世界はSHOW by ショーバイ!!』というバラエティ番組のリポーターを務めさせてもらいました。初代の司会者は大先輩アナウンサーの逸見政孝さん（亡くなられた後は、福澤朗さんが2代目司会を務められました）。一時は視聴率が毎週20％を超えていた超人気番組です。

私の役どころは街頭でさまざまな行為に値段を付けて通行人の方に提示し、実行してもらうことです。対象は東京駅前、新橋のＳＬ広場、大阪の道頓堀のグリコ看板前といった繁華街を歩いているビジネスパーソンたちでした。

たとえば、薄毛の人を見かけたら、追いかけて「すみません！　日本テレビですけど、いまちょっといいですか？」と声を掛けます。そして「２０００円でその貴重な髪の毛を抜いてくれますか？」と訊ねるのです。

本当に失礼きわまりない話ですから、こちらが仏頂面で聞いたら怒り出してしまう人がいてもおかしくありません。でも、笑顔を絶やさなかったおかげか、誰一人として怒る人はいませんでした。笑顔には相手の警戒心とガードを下げて、懐にすっと入る力があるのです。ちなみに２０００円で髪の毛を抜いてもいいとおっしゃる方は、どなたもいませんでした。

東京駅前で男性たちに「２０００円出しますから、ストッキングをかぶって歩いてくれませんか？」というめちゃくちゃな提案をしたこともあります。このときもイエスと答える人は皆無でしたが、同じく笑顔効果で怒られることはありませんでした。

この番組のロケのときは毎回朝イチから日が暮れて撮影ができなくなるまで、一日8時間以上立ちっぱなしでインタビューを続けました。

その間、ずっと笑顔を作り続けて、自宅に帰って鏡を見ると、顔の輪郭がすっきりして小顔になっていました。心身ともにストレスいっぱいで疲れてしかたないのですが、顔だけは若々しくなっているのです。いま思うと口角を上げた笑顔で表情筋を使い続けることで、顔がほっそりしてアンチエイジング効果を発揮してくれたのでしょう。

魚住式食事術❸ アブラに気をつける

植物油や肉類の脂身のようなアブラの摂りすぎは、肥満に直結します。食べてエネルギーになるのは糖質、タンパク質、脂質の三大栄養素ですが、このうち糖質とタンパク質は1g4キロカロリーなのに、脂質＝アブラは糖質、タンパク質の2倍以上の1g9キロカロリーもあるからです。

アブラは量だけではなく、質にも目を向けてください。キーワードになるのは「オメガ3脂肪酸」です。

アブラの成分である脂肪酸は、飽和脂肪酸と不飽和脂肪酸に大別されます。肉類の脂身のような動物性脂質には飽和脂肪酸が多く、植物や魚のアブラには不飽和脂肪酸が多いという特徴があります。オメガ3脂肪酸は不飽和脂肪酸の一種。α-リノレン酸、EPA、DHAなどがあり、いずれも体内では合成できないため、食事から摂るべき必須脂肪酸で

す。詳しくいうとEPAとDHAはα-リノレン酸から合成できるのですが、必要量を満たすのが難しいため、必須脂肪酸に分類されています。

オメガ3脂肪酸には、血液の流れをサラサラにしたり、脳の機能を高めたりする働きがあると言われていますが、現代人には不足しがちですから要注意ですね。

私はオメガ3脂肪酸をエゴマ油と青魚から意識して摂っています。エゴマ油にはα-リノレン酸、青魚にはEPAとDHAが含まれています。エゴマ油にハマったのは3年前。加熱には向かないので、調味料代わりにそのまま使っています。おひたしにかけたり、冷奴や納豆にかけたりするのです。酸化で劣化しやすいので、少量ずつ小分けされたタイプを愛用しています。青魚はアジやサバなどの切り身を焼いたり、もっと手軽に缶詰を使うことで食生活に取り入れています。

実は、以前テレビのクイズ番組に回答者として出るとき、1週間くらい前から青魚をいつもよりも多く摂るように気をつけていました。すると霧が晴れたように頭がクリアになり、正解率が上がったのです。オメガ3脂肪酸は認知症やうつ病の予防にもなると言われていますが、こうした経験を持つ私には腑に落ちる話。オメガ3脂肪酸は脳のアンチエイジングの大きな武器になってくれると信じています。

いつまでも冴えた
頭でいるために、
とっておきの
朗読術を公開！

第4章
朗読で脳を若返らせて認知症を防ぎます

お笑い芸人さんの頭が柔軟で若いのは話すことの効果です

カラダと表情が若々しいとしても、頭＝脳が老化しては何にもなりません。心身はコインの裏表のように表裏一体ですから、カラダと表情のアンチエイジングを考えたら、次は脳と心が歳以上に老け込まない方法も追求してください。

そのときにお手本にしたいのは、テレビなどでお見かけするお笑い芸人さんたち。

いまやお笑い芸人さんは、テレビのバラエティ番組では必要不可欠な存在です。運動神経に優れたアスリートたちが俊敏な動きがこなせるように、お笑い芸人さんはさまざまな状況の変化に応じて臨機応変の受け答えができますから、番組制作サイドとしてはぜひとも番組に参加してもらって盛り上げて欲しいのです。

お笑い芸人さんが臨機応変で柔軟な受け答えができるのは、脳が若いからに他ならないと思います。それはいつも喋り通しだからです。

脳を構成している神経細胞（ニューロン）には、筋肉の細胞と同じような性質があると言われています。すでに触れたように、筋肉は使えば使うほど鍛えられますが、使わないとみるみる衰えていきます。同じように脳の神経細胞も使えば使うほど強化されますが、使ってあげないと衰えてしまうのです。衰えたままで放置していると、認知症のリスクが上がる恐れも出てきます。

コミュニケーションは想像以上に脳を使います。活発に話しているだけでも疲れますが、それは口まわりの表情筋などが肉体的に疲労するばかりではなく、活動しすぎた脳が疲れている証拠でもあるのです。

会話を交わして声を出すと脳が鍛えられるのは、単に思考をしているためだけではありません。声を出すときには、呼吸が深くなるのも一因になっていると私は思います。

ことに私が提案している腹式呼吸を活用する発声法では、より多くの空気を吸い込み、吸い込んだ空気をお腹から吐き出すときに大きな声を出していきます。多くの空気を肺に取り入れると、それだけたくさんの新鮮な酸素が血液中に入ってきます。脳は活動のためにつねに酸素を求めていますから、腹式呼吸で酸素を多く取り入れると脳に供給される酸素も増えてきます。それが脳の活性化につながるのです。

お笑い芸人さんだけではなく、テレビのバラエティ番組に引っ張りダコのアナウンサーや歌手の方、あるいは舞台俳優さんが年齢以上にカラダも脳も若々しくて軽快な受け答えができているのは、職業柄つねに声を出していることが結果的に脳の活性化を促しているからだと私は考えています。

メールやＳＮＳだけでコミュニケーションしていると脳を活性化するチャンスが減ります

腹式呼吸でお腹から声を出すことは心身のアンチエイジングにつながりますが、最近では会話をする機会が減ってきています。その背景にあるのはインターネットなどの発達により、メールやＬＩＮＥのような無料会話アプリ、ＳＮＳ（ソーシャル・ネットワーク・サービス）によるコミュニケーションが増えてきたことがあります。

メールもＬＩＮＥもＳＮＳも便利ですし、私もよく使っています。けれど、その便利さと使い勝手の良さに慣れてしまうと、パソコンやタブレット、スマートフォンが手放せなくなり、会話をしなくても必要なコミュニケーションがとれるようになります。

オフィスの同じ部署で目の前に坐っているのに、連絡事項はメールやLINEで済ませるという状況も少なくないとか。仕事のつながりばかりでなく、家族との連絡もメールやLINEで済ませる家庭も増えてきています。


メールでもSNSでも、誰かとコミュニケーションをとるときには、多かれ少なかれ脳を使っています。でも、無言でメッセージをやり取りしている間は、腹式呼吸で深く息を吸ったり吐いたりしながら会話しているのが当たり前だった時代と比べると、脳の活性化にはつながりにくくなっていると思われます。

〝おひとりさま〟で一人暮らしだとさらに危険。仕事がある平日はともかく、休日に自宅に引きこもっていると、誰とも会話を交わさなくても困ることはありません。その気になれば、買い物も食事も無言で済ませられますし、コミュニケーションはインターネットを介したメールやSNSでも事足ります。余暇はスマートフォンの無料ゲームをしていれば、あっという間に時間がすぎてしまいます。つまり、誰とも会話をしなくても一日が成り立つことも考えられるのです。

しかし、それでは脳の老化が進むのではないかと私は心配しています。

終日ゴロゴロしてすごしていると、刺激ゼロの筋肉は最大0・1%も減ってしまうそうです。土日合計2日なら0・2%。30歳を過ぎて運動不足だと一年に最大1・0%ずつ筋肉は減ると言われていますから、怠惰な週末を1回すごしただけでその5分の1が一気に進むリスクがあるのです。会話を交わさないことで、脳がどの程度老化するかという科学的なデータはありませんが、先の例の筋肉の減少と同じように、週末誰とも話さない生活を続けていると、少なからず脳のエイジングが進むと覚悟した方が良さそうです。

脳を若返らせる黙読、音読、朗読の違いを知りましょう

コミュニケーションがネットに偏って会話が減ってきた、一人暮らしで週末などは会話する相手が身近にいなくなる……。そんなタイプにぜひ試してもらいたいのが「朗読」。

前著『たった1日で声まで良くなる話し方の教科書』では、人の心を動かすスピーチや会

話のスキルを磨く方法として朗読をクローズアップしました。ここでは脳を鍛える手段として改めて朗読にスポットを当てたいと思います。

朗読とは、単に「声に出して文章を読み上げること」ではありません。朗読の特徴を知るために、まずは「黙読」や「音読」との違いを考えてみたいと思います。なお、通常のトレーニングではいきなり朗読するのではなく、黙読↓音読↓朗読というプロセスを辿ります。

黙読は、文字通り、声を出さず黙って文章を読むこと。その狙いは文章の意味を理解して把握する点にあります。

音読は、黙読で理解した文章を声に出して読むこと。文章中の自分が苦手でつっかえやすいところを確認して解消しながら、相手が聞き取りやすいように滑舌を良くするために行います。

そしていよいよ朗読です。黙読や音読は一人でも成立しますが、朗読では、聴き手に文章の内容や情景がありありとイメージできるように工夫して行います。脳のアンチエイジングのために一人で朗読するときでも、具体的な聴き手を想定して行うのが基本です。

朗読は脳のいろいろな場所を同時に使いながら、活性化を促してくれます

朗読が脳を活性化するトレーニング効果が高いのは、脳のいろいろな場所を同時に使うためだと考えられています。

朗読では自分で声に出して読みながら、その声を自分自身もフィードバックして聞いています。すると、文字を読んで理解する脳の部位、理解した内容を話す部位、話した内容を聞く部位という3つのフィールドが同時に活性化されます。脳トレとして考えると、朗読は一石二鳥どころか一石三鳥というわけです。

脳は左脳と右脳という2つの部分に大別されます。一般的に左脳は論理的な思考を担い、右脳は五感を担っていると言われています。左脳と右脳はそれぞれ独立しているわけではなく、リンクしています。文章を目で見て視覚化するのは右脳ですが、その情報から意味を見出すのは左脳。そして文章を声に出して読むときには左脳が働きますが、読んだ声を聞くのは右脳なのです。

「平日は仕事で脳を散々使っているから、休日くらいは脳を空っぽにして電源オフにしたい！」という気持ちもわかります。やる気が起こらないときに無理に朗読しようとすると脳のストレスになり、逆に脳の機能が低下する恐れもあります。ですから、疲れてやりたくないときに朗読を強行する必要はありません。

けれど、「休日くらいは脳を休めたい」と思っているのに、ついつい誘惑に負けて一日中ゲームに夢中になっているタイプは、それが脳の思わぬ負担になっている可能性もあります。文章を理解しながら声に出して読む朗読は、ゲームほど刺激は強くありませんから、脳の負担になることはないでしょう。

イギリスのサセックス大学の研究によると、わずか6分間の読書でも副交感神経を優位にして心拍数を下げ、60％以上のストレスを発散する効果があるそうです。週末は読書と朗読を組み合わせて、いつもの読書でストレスを発散しながら、途中で気に入った箇所を1〜2分間朗読してみてはどうでしょうか。

カラダの疲れは、ただじっとしているよりも、ジョギングなどでカラダを軽く動かした方が取れやすいと言われています。これはアスリートの世界では「積極的休養（アクティブ・レスト）」と呼ばれており、多くの選手たちが実践しています。同じように脳も軽く刺激した方が疲れは取れやすいのかもしれません。

ただし、脳の疲れを取るのに絶対に欠かせないのは眠り。休日だからといって、ゲームや読書に夢中になりすぎて夜更かしをしないように気をつけましょう。

朗読に適したテキストを用意して朗読の準備を整えます

朗読する文章は好きなもので構いませんが、話し言葉に近い感覚で書かれた文章だと脳の活性化に加えて、話し方やスピーチ力を鍛えてコミュニケーションのスキルを磨くことにもつながりますから、おトクです。

たとえば、新聞なら時事問題をシリアスに扱うお硬い社説よりも、コラムのように軽い読み物の方が話し言葉に近いので朗読には向いています。雑誌のコラムも良いお手本になると思います。書籍だと小説のように書き手の個性が前面に出ているものよりも、万人向けにわかりやすく書かれたビジネス書の方がお薦めです。

一度に朗読するのは500字程度が適量。新聞や雑誌のコラムの多くはちょうどこのくらいのボリュームになっています。内容や聴き手にもよりますが、1分間で300字というのが、話す方も聞く方も疲れない心地良いペース。500字のコラムだと1分半強で読み上げる計算ですね。

テキストを用意したら、24〜28ページで紹介した顔のストレッチと舌のストレッチをウォーミングアップとして行ってください。この2つは声を出す前には必ずやっておいてもらいたいものです。

さらに朗読するにあたり、次の5つのポイントを守ってください。

朗読するときに守りたい5つのポイント

① 腹式呼吸を意識し、お腹にグッと力を入れながら読む

② 声量はなるべく大きく保ちながら読む
③ 言葉に集中して、言い間違えないように読む
④ 口をしっかり開けて、聞き取りやすいようにハキハキと読む
⑤ スピードをできるだけ一定にキープして読む

私が編み出した朗読のコツを整理してみます

私はアナウンサーになる前、16歳からNHKの朗読テキストを使ってアナウンサーの通信教育も受けながら、朗読のトレーニングを重ねてきました。その後もナレーションの仕事をしながら、朗読に関する独自のスキルを磨いてきました。朗読には多くのポイントがありますが、ここでは私の経験とスキルの一部を公開したいと思います。

突き詰めると、朗読でもっとも大切なのは「何を捨てて」「何を立てるか」です。
もちろん「捨てる」といっても、読み飛ばすわけではありません。黙読で意味を把握したら、その文章で大事な強調すべきところがわかります。そこをアピールすることを「立てる」と表現します。その「立てる」部分をさらに強調するために、それ以外のところをさっと軽く流して読んで「捨てる」のです。

こうして「捨てる」部分と「立てる」部分をはっきりさせてメリハリをつけてやると、聴き手は手元に朗読されているテキストがなくても、その内容がすっと頭に入るようになります。

聴き手はずっと集中して朗読を聞いていると疲れてしまいます。ほっと気を抜くところも必要です。「捨てる」部分と「立てる」部分のメリハリがうまく付いていると聴き手は話に引き込まれます。それが良いナレーションです。フラットで抑揚のないナレーションでは、いったいどこに注意を向けたら良いかがわからないので、長時間だと聴き手は疲れてしまうのです。

今回の朗読の狙いはあくまでも脳の活性化ですが、どうせ朗読をするなら、聴き手の心を動かす話し方のスキルも同時に磨いてしまいましょう。

芥川龍之介の『蜘蛛の糸』で朗読の練習をしましょう

私が朗読に関する講演会などで例に使っているのが、芥川龍之介の短編小説『蜘蛛の糸』です。

『蜘蛛の糸』はもともと児童文学で優しい語り口ですし、生前に蜘蛛を助けるという善行をした悪人を地獄から救い出そうと、御釈迦様が蜘蛛の糸を垂らすというストーリーは誰でも知っていますから、馴染みやすいのです。

レッスンや朗読会では全文を朗読しますが、全文引用すると長くなりますから、ここでは最初の節を例文として使いたいと思います。これからその「一」を紹介しますから、そこで重要で「立てる」べきだと思うところを丸や四角で囲んでみてください。

蜘蛛の糸

一

　或日《あるひ》の事でございます。御釈迦様《おしゃかさま》は極楽の蓮池《はすいけ》のふちを、独りでぶらぶら御歩きになっていらっしゃいました。池の中に咲いている蓮の花は、みんな玉のようにまっ白で、そのまん中にある金色の蕊《ずい》からは、何ともいえない好《よ》い匂《におい》が、絶間《たえま》なくあたりへ溢《あふ》れております。極楽は丁度朝なのでございましょう。

　やがて御釈迦様はその池のふちに御佇《おたたず》みになって、水の面《おもて》を蔽《おお》っている蓮の葉の間から、ふと下の容子《ようす》を御覧になりました。この極楽の蓮池の下は、丁度地獄の底に当っておりますから、水晶のような水を透き徹《とお》して、三途《さんず》の河や針の山の景色が、丁度覗《のぞ》き眼鏡《めがね》を見るように、はっきりと見えるのでございます。

　するとその地獄の底に、犍陀多《カンダタ》という男が一人、外《ほか》の罪人《ざいにん》と一しょに蠢《うごめ》いている姿が、御眼《おめ》に止《とま》りました。この犍陀多という男は、人を殺したり家《いえ》に火をつけたり、いろいろ悪事を働いた大泥坊でございますが、それでもたった一つ、善い事を致した覚えがございます。と申しますのは、或時《あるとき》この男が深い林の中を通りますと、小さな蜘蛛《くも》が一匹、路《みち》ばたを這《は》って行《ゆ》くのが見えました。そこで犍陀多は早速足を挙げて、踏み殺そうと致しましたが、「いや、いや、これも小さいながら、命のあるものに違いない。その命をむやみにとるという事は、いくら何でも可哀《かわい》そうだ。」と、こう急に思い返して、とうとうその蜘蛛を殺さずに助けてやったからでございます。

御釈迦様は地獄の容子を御覧になりながら、この犍陀多には蜘蛛を助けた事があるのを御思い出しになりました。そうしてそれだけの善い事をした報《むくい》には、出来るなら、この男を地獄から救い出してやろうと御考えになりました。幸《さいわい》、側《そば》を見ますと、翡翠《ひすい》のような色をした蓮の葉の上に、極楽の蜘蛛が一匹、美しい銀色の糸をかけております。御釈迦様はその蜘蛛の糸をそっと御手《おて》に御取りになって、玉のような白蓮《しらはす》の間から、遥《はる》か下にある地獄の底へ、まっすぐにそれを御《お》下《おろ》しなさいました。

『蜘蛛の糸・杜子春・トロッコ他十七篇』（岩波文庫）より

「立てる」ためには次の5つのテクニックがあります

どうでしょうか？　「立てる」べきところが囲めたでしょうか。内容を踏まえて強調するところをチョイスするだけでも、ちょっとした脳トレになります。

次に「立てる」ところをどう強調するかをお伝えします。それには大きく次の5つの方法があります。

魚住式「立てる」朗読テクニック

①高めの声を出す

高い声には大きなエネルギーがあります。前後の「捨てる」ところをあえて低く読み、「立てる」べきところを高い声で読むと強調できるのです。

②少しゆっくりていねいに読む

読むペースをそこだけ変えてゆっくり念を押すように読むと、聴き手には「ここが大切なところなんだ」と伝わります。

③直前にポーズ（間）を入れる

朗読が少し途切れると「次に何が来るのだろう」と聴き手の期待感が高まります。どのくらいのポーズ（間）を空けるかは、文章の流れのなかで「立てる」べき言葉がどのくらいの重要性を持っているかに応じて調整してください。

④強く発音する

音量を上げることも強調につながります。前後の「捨てる」ところの音量を少し抑え気味にするとより効果的です。

⑤感情を込める

強調しようとすると、多くの人はまず感情を込めようとしますが、それは最後にしてください。①～④までのテクニックがあってこそ、最後に感情を込めると上手に強調できるのです。始めから感情移入に頼ろうとすると、わざとらしく聞こえてしまい、聴き手は引いてしまいます。

朗読のために私が『蜘蛛の糸』に書き入れた内容を公開します

実を言うと朗読で重要なのは「捨てる」と「立てる」の切り替えだけではありません。他にも多くのポイントがあるのです。

ここで私が『蜘蛛の糸』を朗読するにあたり、書き入れた内容を公開したいと思います。それは次のようになっています。

蜘蛛の糸

一

1 或日《あるひ》の事でございます。御釈迦様《おしゃかさま》は極楽の蓮池《はすいけ》のふちを、独りでぶらぶら御歩きになっていらっしゃいました。池の中に咲いている蓮の花は、みんな玉のようにまっ白で、そのまん中にある金色の蕊《ずい》からは、何ともいえない好《よ》い匂《におい》が、絶《たえ》間《ま》なくあたりへ溢《あふ》れております。極楽は丁度朝なのでございましょう。**ま3秒**

2 やがて御釈迦様はその池のふちに御佇《おたたず》みになって、水の面《おもて》を蔽《おお》っている蓮の葉の間から、ふと下の容子《ようす》を御覧になりました。この極楽の蓮池の下は、丁度地獄の底に当っておりますから、水晶のような水を透き徹《とお》して、三途《さんず》の河や針の山の景色が、丁度覗《のぞ》き眼鏡《めがね》を見るように、はっきりと見えるのでございます。**ま5秒**

3 するとその地獄の底に、犍陀多《カンダタ》という男が一人、外《ほか》の罪人《ざいにん》と一しょに蠢《うごめ》いている姿が、御眼《おめ》に止《とま》りました。この犍陀多という男は、人を殺したり家《いえ》に火をつけたり、いろいろ悪事を働いた大泥坊でございますが、それでもたった一つ、善い事を致した覚えがございます。と申しますのは、或時《あるとき》この男が深い林の中を通りますと、小さな蜘蛛《くも》が一匹、路《みち》ばたを這《は》って行《ゆ》くのが見えました。そこで犍陀多は早速足を挙げて、踏み殺そうと致しましたが、「いや、いや、これも小さいながら、命のあるものに違いない。その命をむやみにとるという事は、いくら何でも可哀《かわい》そうだ。」と、こう急に思い返して、とうとうその蜘蛛を殺さずに助けてやったからでございます。 **ま3秒**

CP御釈迦様は地獄の容子を御覧になりながら、この犍陀多には蜘蛛を助けた事があるのを御思い出しになりました。そうしてそれだけの善い事をした報《むくい》には、出来るなら、この男を地獄から救い出してやろうと御考えになりました。幸《さいわい》、側《そば》を見ますと、翡翠《ひすい》のような色をした蓮の葉の上に、極楽の蜘蛛が一匹、美しい銀色の糸をかけております。御釈迦様はその蜘蛛の糸をそっと御手《おて》に御取りになって、玉のような白蓮《しらはす》の間から、遥《はる》か下にある地獄の底へ、まっすぐにそれを御《お》下《おろ》しなさいました。 **ま5秒**

まず1 2 3という数字は段落の順番を示しています。

地色のついているところが、「立てて」強調すべき部分です。すでに触れた5つのテクニックで抑揚を付けて朗読していきます。

「ま3秒」というのは、「3秒間のポーズ（間《ま》）を空ける」という意味です。たとえば、文頭に「やがて」とか「すると」という接続詞が出てくると、聴き手に時間の経過を感じさせる工夫が必要です。そこでその前にあえて空白の時間を取るのです。

「く」印は、ポーズを取るほどではありませんが、ほんの0・5秒間ほどの間を空けるところです。

句読点では必ずしもポーズを取るとは限りません。句読点は書き手のリズムで文章を区切るもの。読み手の立場に立つと、あえてポーズを取らずに続けてしまった方が、聴き手に情景をありありと伝えることができる場合もあります。そんなときは思い切って続けて読んでしまうのです。そこは「⤵」印を入れています。

「CP《シーピー》」というのは、チェンジ・オブ・ペース（change of pace）という英文の頭文字を取ったもの。語り口の雰囲気を少し変えます。

1～3までは、作者である芥川龍之介の視点で書かれていますが、最後の段落の前半は御釈迦様の考えに添った内容になっています。このように視点が変わるところでは、語り口を変えないと聴き手は戸惑ってしまいます。映画やテレビのような映像表現なら、カメラの切り替えで視点の変更は一目瞭然ですが、朗読ではそうはいかないのです。

池上彰さんの語り口は朗読の参考になります

私は局アナだったころ、日本を代表する大変有名な女性ナレーターの方とご一緒させて頂く機会に恵まれました。スタッフから原稿を渡され、彼女にいまから自分のナレーションを聞かれるのかと思うと、スタジオに入る前、とても緊張したのを覚えています。彼女は私のナレーションスキルに対して最初は懐疑的なようでした。でも、ナレーションのブースに入り、何度か私がリハーサルを重ねているうちに「魚住、ヨシ!」と認めてくださいました。スタッフの方に後からそう聞かされて、プロに認められたことがとても嬉しかったのを覚えています。

ナレーターでもアナウンサーでもありませんが、NHKの記者とキャスターを経てフリーに転身なさった池上彰さんの語り口は、朗読の参考になると思います。

池上さんは政治や経済のニュースをわかりやすく解説する手腕で定評があります。これまでの豊富な経験、事前の入念なリサーチなどもお見事ですが、池上さんがこれだけテレビ界で引っ張りダコなのは、何といっても「捨てる」ところと「立てる」ところを明確にしているあの名調子にあると思います。

池上さんは自分のリズムではなく、聴き手の立場に立ったわかりやすいリズムをつねに心がけていらっしゃるのでしょう。大事なところではしっかりと間を空けますし、難しい単語は思い切ってゆっくり大きな声で発音するなど、まさに緩急自在。直球も速いし、変化球も良く切れる大投手のようなマウンドさばき（語り口）でゲーム（番組）全体を支配しています。

今度、チャンスがあったら池上さんの出演番組をじっくり観てみてください。上手な抑揚のヒントがきっと見つかるはずです。

親御さんの認知症が心配なら朗読を勧めてみてください

私自身もそうなのですが、両親と離れて暮らしている人は少なくないと思います。そうなると自分自身の脳の活性化にも増して、両親の脳の健康が気になってきます。高齢になるほど認知症になりやすいからです。

日本では65歳以上の高齢者が4人に1人を超えており、これからはさらに超高齢化が進むのは確実です。超高齢化の進行とともに、認知症患者も増えており、政府の推計によると予備軍も含めると認知症の人は高齢者の4人に1人を占めています。団塊の世代が75歳以上の後期高齢者になる2025年には、認知症の人は700万人前後になるそうです。

朗読で脳を鍛えることとは、働き盛り世代の脳力の衰えをカバーしてアンチエイジングに役立つだけではなく、高齢者の認知症の予防にもつながると思います。とくに一人暮らしで日常的な会話が少ない高齢者では認知症のリスクが高くなると言われていますから、一人でも行える朗読がおすすめです。

少し前に脳トレ（脳力トレーニング）がブームになり、新聞のコラムを書き写したり、写経をしたりすることが脳の活性化を促して、ひいては認知症の予防になるという研究が注目されました。コラムの書き写しも写経も良いと思いますが、そこに朗読をプラスするとさらに効果的だと私は個人的に思っています。


親御さんが朗読に興味を持ったら、ぜひ朗読会に出かけることを提案してみてください。地方自治体、図書館、市民団体などが主宰する朗読会はあちこちで開かれています。無料の催しもあれば、数千円程度の参加費が必要な集まりもあります。朗読会のスタイルはさまざまですが、一般的には講師の朗読を聞いてから、参加者が朗読を体験できるものが多いようです。

朗読会に出かけると運動不足の解消にもなりますし、共通の趣味を通じた仲間ができるきっかけにもなります。近所に仲間ができたら、会話を交わす機会が増えますから、朗読以外でも脳を刺激するチャンスができて認知症予防にもつながるはずです。

同好の士が数人できたら、わざわざ公的な朗読会に出かけなくても、仲間同士で私的な朗読会を開くこともできます。たとえば、毎週水曜日に集まって朗読会を開くと決めたら、やる気が出ますよね。課題図書を決めて同じ部分をそれぞれが朗読するのも良いでしょうし、リレー形式で読み進めるのも素敵だと思います。多くの地方自治体では、こうした住民の活動を支援するために、公民館などの多目的室や講座室を利用できるようなサービスが整っていますから、大いに活用してみましょう。

魚住式「立てる」朗読テクニックの5番目に挙げた「感情を込める」という面では、人生経験豊富な高齢者の方が若者たちよりも一枚も二枚も上手です。高齢者だからこそできる朗読もあるはずです。参加資格をシニアに限定すれば、高齢者でも気後れなく参加できるはず。コンテストに向けて朗読を続けることが脳のアンチエイジングにつながれば、超高齢化社会もみんなで明るく乗り切れるのではないでしょうか。

魚住式食事術❹　発酵食品を取り入れる

花粉症やアトピーなどのアレルギー性の病気、便秘、肥満、がん……。現代人を悩ます病気やトラブルの引き金の一つとして最近注目されているのが、腸内環境。

私たちの腸内には数百種類、合計100兆個もの腸内細菌が秘かに暮らしているとか。腸内細菌にはビフィズス菌や乳酸菌のような善玉菌、ウェルシュ菌のような悪玉菌、状況次第で善玉にも悪玉にもなる日和見菌の3タイプがあり、善玉菌が減って悪玉菌が増えてくると、腸内環境が悪くなり、アレルギー疾患や便秘などを引き起こすのです。

腸内環境に大きな影響を与えているのは日々の食生活。腸内細菌の大半は大腸に棲んでいますが、そこには消化吸収を終えた後の食べカスが運ばれてきます。何を食べたかで食べカスの内容も変わり、それが腸内環境に影響を与えているのです。

健康のためにもアンチエイジングのためにも、善玉菌を増やして悪玉菌を減らし、腸内

環境を改善したいもの。そこで積極的に取り入れたいのは発酵食品です。発酵食品には乳酸菌などの善玉菌が含まれており、大腸まで届くと助っ人として働いてくれます。そのまま居着くことはないようですが、取り入れた善玉菌がもともといる善玉菌のエサとなり、腸内環境を良くしてくれるのです。

腸内環境を整えるために、私はヨーグルト、キムチ、納豆といった発酵食品を毎日摂るようにしています。キムチや納豆には、116ページで触れたエゴマ油をかけて食べることが多いです。

キムチや納豆には、善玉菌以外にも食物繊維が含まれています。改めて定義すると、食物繊維とはヒトの消化酵素ではほとんど消化も吸収もされない食物中の繊維質。大腸まで届いておもに善玉菌のエサとなり、腸内で発酵を促して乳酸や酢酸などを作り、腸内を酸性に傾けて善玉菌が活動しやすい環境を整えてくれます。

反対に悪玉菌を増やして善玉菌を減らし、腸内環境を悪化させてしまうのが、ファストフードのように食物繊維が少なく、脂っこいモノを食べすぎるような食生活。ファストフードは忙しいときには便利ですが、同時に発酵食品を意識的に取り入れて腸内環境を悪化させないように気をつけてくださいね。

少しだけ高い声で話してみましょう!

第5章 「ソ」の音を出して声から若返ります

声を高くすると若々しいイメージが作れます

男性だと歌手の郷ひろみさん、俳優の唐沢寿明さん、堺雅人さん、タレントの明石家さんまさん、通販大手・ジャパネットたかた創業者の髙田明さん、女性だと歌手の松田聖子さん、今井美樹さん、タレント・司会者の黒柳徹子さん……。

いずれもテレビなどで活躍されている方ばかりですが、共通する大きな特徴があります。皆さん、声が高くて若々しいのです。

たとえば男性なら、郷ひろみさんは1955年生まれの61歳、唐沢寿明さんは1963年生まれの53歳、髙田明さんは1948年生まれの68歳です。

あるいは女性なら松田聖子さんは1962年生まれの54歳、今井美樹さんは1963年生まれの53歳。黒柳徹子さんは1933年生まれの83歳です。実年齢を知るとびっくりするほど、皆さんお若いのです（男女ともに、年齢は2016年の誕生日時点で計算しています）。
歌手も俳優もタレントも、人前に出る仕事ですから、皆さん外見には気を使っていると思います。それも若く見える理由の一つですが、高い声が出せるというのも、いつまでも若いイメージを保っている秘訣だと思います。

低くてハスキーな声は落ち着いた大人っぽい雰囲気が出せますが、高くてクリアな声は若々しさが演出できます。外見に加えて声の印象も大切ですから、アンチエイジングを極めるには日頃から頑張って少し高い声を出すように心がけてみてください。

松田聖子さんと同じく歌手の中森明菜さんは１９８０年代の同時期にアイドルとして活躍していましたが、声の印象はまるで正反対でした。聖子さんは声が高くて「ぶりっ子」と言われるくらい若々しい印象だったのに対して、明菜さんは声が低くて大人っぽく、少し背伸びをしている少女を演じていました。このように同世代でも、声の高さでキャラクターは大きく変わるものなのです。

私のスクールの生徒さんにも、高い声を出すことを勧めているのですが、始めは「低い声を高くできるのですか？」という疑問の声も上がってきます。

確かに、140㎝台の私の身長を160㎝にはできないように、バリトンのように生まれつき低い声をいきなりソプラノのような高い声にすることはできません。

でも、トレーニングをコツコツ継続していれば、持って生まれた声質の範囲内で音域を広げ、できるだけ高い声を出すことは可能です。私のスクールの生徒さんたちでも、レッスンを重ねているうちに少しずつ高い声が出せるようになります。そしてそれが声のアンチエイジングにつながっているのです。

加齢とともに声は低くなる傾向があります

高い声には若々しいイメージがあり、低い声は年齢以上に落ち着いた印象に感じられてしまうのは、そもそも歳を重ねるにつれて声は低くなるからです。

透き通るような高音が特徴の歌姫マライア・キャリーさんには、高音を活かしたヒット曲がたくさんあります。若い頃は『エモーションズ』のような超高音を織り込んだ曲も聞かせてくれましたが、最近では原曲からキーを少し下げて歌う場合もあります。それは近年の彼女の落ち着いた印象を演出しています。

日本人歌手の宇多田ヒカルさんや華原朋美さんはデビュー当初、若々しい高音も魅力でした。最近は声が少し低くなっていて、それがお二人のひと皮剝けたような、大人っぽい落ち着いた魅力につながっているのだと思います。

一方、歌手のビリー・ジョエルさん、松田聖子さんは、ほぼ昔と変わらない高いキーで歌い続けており（もちろん、曲によると思いますが）、おかげでお二人とも年齢を感じさせない若いイメージを保っています。

加齢で声が低くなるおもな原因は、声帯の老化によるものです。

声帯について改めて詳しく見てみましょう。

声帯はのどの奥にある発声のための器官。開閉する左右1対のひだの間を吐き出す空気を通過させるときに振動を与えて声を発しています。

声帯は筋肉と靱帯からなり、手足の筋肉と同じように伸縮し、開いたり、閉じたり、薄く伸びたり、厚くなったりします。

声帯は縦に薄く伸ばすと高い音が出ますし、緩めて短くすると低い音が出せます。楽器にたとえてみると、厚みのない小さなバイオリンは高い音が出せて、厚みのある大きなチェロは低い音が出せるのと同じ理屈です。

男性は思春期に声変わり（第二次性徴）すると1オクターブほど声が低くなりますが、これは声帯が厚く長く成長するため。このため軟骨が押し出されて盛り上がり、いわゆるのどぼとけが生じるようになります。

女性でも声変わりをするケースもあるようですが、男性ほどは低くはならないために、本人でも気がつかない場合がほとんどです。このため一般的には男性よりも女性の方が高い声を出すのが得意なのです。

若いときは声帯の筋肉にも柔軟性がありますから、自由に伸縮し、開いたり、閉じたり、薄く伸びたり、厚くなったりします。こうした声帯の特質から、若いときほど高い音から低い音まで自在に出せるのです。

ところが、加齢で総じて筋肉は徐々に弱く硬くなり、声帯もその例外ではありません。歌手のようにつねに声帯を使っている人でもキーは低くなるくらいですから、声帯をそれほど使わない普通の人は声帯が弱く硬くなり、薄く伸ばしにくくなるため、高い声を出すのが苦手になってしまうのです。

高い声を出すトレーニングで声帯は鍛えられます

でも、手足の筋肉と同じように、声帯も使って鍛えてやれば、強くなり、柔軟性も回復して薄く伸びるようになり、若々しく高い声が出せるようになります。

マライア・キャリーさんや宇多田ヒカルさんのように、もともと高い声が出せるシンガーがそれをキープするのは大変ですが、一般の人が若い頃の声の高さを取り戻すのはそれほど難しいことではありません。前述のように私のスクールの生徒さんたちでも、レッスンを重ねるうちに声が高くなって若々しい印象になる方が多いです。

逆に声帯の構造上、高い声を低くするのは大変です。もしも、地声より低い声を出そうとすると、オペラのバリトン歌手のように太ももに響かせて低音を強調するといった特別なテクニックが求められます。

低音を出す工夫に比べると、高い音を出す方がラクなはずです。

高い声を出す前提となるのは、腹式呼吸でたくさん肺に空気を入れて、たくさん空気を吐き出すこと。

お腹から大きな声が出せるようになると、高い声も出せるようになります。試してみるとすぐにわかるのですが、小さいヒソヒソ声では、どう頑張っても高い声は出せません。小さな声では低い声しか出せないのです。

声量が足りないうちに、無理して高い声を出そうと頑張りすぎると、声帯を痛める恐れがあります。57ページで紹介した腹式呼吸をおさらいして、まずはお腹から大きな声を出すトレーニングをしてください。

大きな声が元気よく出せるようになったら、声をワントーン上げてみます。カラオケのリモコンのシャープ記号（♯）を2回押して原音（この場合はエイジングして低くなった元の声）から1音上げるイメージです。

カラオケではイメージしにくい場合は、「♪ド・レ・ミ・ファ・ソ・ラ・シ・ド」の「ファ」か「ソ」を出す気持ちで高い声を出してください。普段のラクな声の高さを「ド」

として、始めは「ファ」、慣れてきたら「ソ」になるように意識して高くすると良いと思います（ちなみに私は、講演会など聴き手が大人数の時は「ラ」くらいの高さで話すこともあります）。

エイジングすると、高くても「ミ」くらいの音程で声を出しがちですが、「ファ」か「ソ」を出すことを心がけると声帯がトレーニングされて薄く伸びるようになり、高い声が出せます。29ページで紹介したカウント発声のときに「ファ」か「ソ」で発声するようにしましょう。

高い声が出せるとビジネスシーンで有利なことが多いようです

高い声が出せるようになるとビジネスシーンではとくに有利になります。

高い声が与える印象を改めてまとめると、次のようになります。

高い声が与える4つの印象

①若々しい印象
②よそ行きの印象
③テンションが高い印象
④男性＝中性的な印象、女性＝さらに女性らしい印象

「**①若々しい印象**」については、これまで何度も語ってきた通りです。若々しくて元気で明るい方が、老けた感じで元気がなくて暗いタイプよりも、ビジネスをする相手としては相応しい印象を与えてくれます。

「**②よそ行きの印象**」というのは、カジュアルすぎず、適度にフォーマルな印象を与えるという意味。低くて小声だと、親密で距離が近くカジュアルなイメージを与えますから、ビジネスのマナーには必ずしも添っていません。

「③テンションが高い印象」は、やる気を感じさせてビジネス上でもプラスに作用するに違いありません。テンションが高くて熱意を持ち、ぐいぐい前に出てくるタイプはことに営業職に向いていると私は思います。

逆にテンションが上がると声も高くなります。仕事のやり取りをしたりするときには自然に声が大きく高くなりがちですが、それは普段と違って少し緊張しているからでしょう。

「④男性＝中性的な印象、女性＝さらに女性らしい印象」も、男性の場合、ビジネスシーンではメリットが少なくありません。営業職の方で、低めの声で男性的すぎると、相手によっては警戒心を抱かせるからです（特に女性が相手の場合）。

「ファ」か「ソ」の音を狙って高く発声していると、男性的な印象を抑えることになります。それは男性にとっては中性的な印象につながるのだと思います。

営業マンは高い声を出した方が絶対に有利だと思います

私の身近にも高い声のおかげなのか、成績抜群の男性カリスマ営業マンがいます。彼は30代前半で、ある外資系保険会社の営業マンをしています。ちょっと早口で声が高くて語り口もなめらかですから、年齢以上に若々しい好印象です。彼の説明を聞いているうちに「この保険に入るなら、いましかない！」と思うようになり、私もついつい加入してしまいました（笑）。

彼は商品説明もわかりやすく丁寧であり、知識も豊富で営業マンとしてのテクニックに長《た》けていると思いますが、そのカリスマぶりの背景にあるのは高くて若々しい声に他ならないと私は思います。

声が高くて早口でカリスマ性があるというと、私が真っ先に頭に思い浮かべるのはジャパネットたかた創業者の髙田明さんです。

長年同社の顔だった髙田さんは、2016年1月15日の放送をもって番組への出演から引退されました。卒業なさるまでは、テレビショッピング番組で髙田さんの説明を聞いているだけで、とくに買う予定がなかった商品にまで興味が出てきて、困ったことがよくありました。

高い声を出していると本人のテンションも上がりますが、まるで鏡を見ているように、それを聞いている側のテンションまで上がります。前述のように、ヒトの脳には目の前の人に共感する作用があるからです。キーが高くてテンションも高い髙田さんの熱心な説明ぶりを聞いていると、その熱意が伝わってきて引き込まれてしまい、サイフの紐が緩んで買いたくなるのでしょう。

高い声と低い声をシチュエーションに応じて賢く使い分けてください

高い声はよそ行きの印象を与えると書きましたが、声にも洋服と同じようにTPOがあります。Ｔ（タイム、時間帯）、Ｐ（プレイス、場所）、Ｏ（オケージョン、状況）に応じて使い分けることが大切なのです。声の使い分けにも気を配っておかないと、晴れの場に普段着で行ったり、カジュアルな場面にフォーマルな服装で出かけたりするような、場違いで困った思いをする恐れもあります。

高い声が出せるとしても、仕事の悩み事の相談に乗ったり、プライベートでシリアスな話をしたりするときには、高めの「ソ」ではなく「ド」か「レ」の低めの声で対応するべきです。シリアスな場面で高い声を出すと、相手の気分を害する場合もあります。高い声も出せるように声帯を整えておけば、「ド」から「ソ」まで臨機応変に出せるようになり、ＴＰＯに応じた使い分けが上手にできることでしょう。

ジャパネットたかた創業者の高田明さんも普段からあの高い声で話しているわけではありません。２０１５年に社長退任報告とあわせて番組からの引退を表明した会見では、いつもとは違いすぎる低い声で語りかけて話題となりました。

私がナレーターを務めていた『ソロモン流』に出演して頂いたこともありますが、そのとき流れたVTRのなかでも、まるで別人のように低い落ち着いた声でゆっくり話していらっしゃいました。髙田さんは普段の声は「ド」か「レ」くらいなのですが、テレビショッピング番組に出演しているときはスイッチが切り替わって「ソ」以上の声が出せていたのです。さらには、最も聞いてほしい商品名を言うときは、1オクターブ上の「ド」が出ているくらいに感じます。この音域の広さは本当にすごいと思います。

あくまで推測ですが、髙田さんは「高い声で視聴者のテンションを上げて売り上げを伸ばしたい！」と意図的にスイッチを切り替えているわけではなく、商品の良さを伝えたい、多くの人にこの商品で生活を豊かにしてもらいたいと思うと、自然に声が高くなり、テンションも上がっていたのでしょう。

聞くところによると、髙田さんは自分で実際に使ってみて、本当に良いと思った商品しか紹介しないという確固としたポリシーの持ち主だとか。本当の良さを知っているからナチュラルに声もテンションも高くなったのでしょうね。

ここぞというときに高い声を出すため声帯の使いすぎに注意

高い声を出すときには声帯は薄く伸ばされています。しかも元気よく大きな声を出そうとすると声帯には少なからぬ負担がかかっています。

声帯も筋肉ですから使いすぎると疲れます。

たとえば、スポーツの応援で大きな声を出し続けたり、長時間カラオケで熱唱しすぎたりすると、翌日声が嗄《か》れてしまいます。声帯がオーバーユースで炎症を起こしてしまい、本来の機能が果たせなくなるのです。ですから、私はナレーション録《ど》りがある前日には、なるべく話さないように心がけて声帯を温存しています。

私が日本を代表する歌手のひとりだと思っている髙橋真梨子さんは、67歳とは思えないほどの美声の持ち主ですよね。彼女はコンサートやレコーディングの前は大きな声で話さないようにされているそうです。

高い声を出すだけで声が嗄れることはないと思いますが、腹式呼吸ではなく、浅い胸式呼吸や肩呼吸で無理をして高い声を出していると、声帯の負担が増えて声がガラガラになることも考えられます。

シチュエーションに応じて高い声と低い声、大きな声と小さな声を使い分けていれば、それだけ声帯にかかる負担が減らせます。いつでも高くて大きな声が出せるように声帯を温存しておけば、ここぞという大事な商談や面談などで明るく若々しい好印象が与えられることでしょう。

なめらかな声を手に入れる方法を知る

同じ高い声でも、ガラガラ声では若々しく明るいイメージが損なわれてしまう恐れがあります。なめらかで整った声なら、高い声のアンチエイジング効果を最大限に引き出してくれるでしょう。

ガラガラ声を避けてなめらかな声を作るポイントは、声帯とその表面を覆っている粘膜を守ってダメージを与えないこと。そのためのポイントは次の3つです。

声帯と粘膜を守る3つのポイント

①のどが乾燥しないように保湿、保温する
②質の高い睡眠をとる
③のどに悪いものを避け、のどに良いものを摂る

①のどが乾燥しないように保湿、保温する

風邪を引いて鼻が詰まったまま眠ってしまうと、翌朝のどの粘膜が乾いてガラガラ声になることがあります。これは鼻が詰まると口呼吸になるため。59ページで触れたように、鼻は天然の保湿器と保温器であり、日本の冬のように乾いた冷たい空気でも、鼻を通る間にカラダに優しい適度な湿度と温度に調整されて気管から肺に入ります。

ところが、口呼吸だと乾いた冷たい外気がそのまま入るため、気管の入り口にある声帯

の粘膜が乾いてダメージを受けてしまいます。そこで大切なのが「①のどが乾燥しないように保湿、保温する」ことなのです。

私は自宅では加湿器を使い、部屋が乾燥しないように気をつけています。自宅を離れたホテルなどの宿泊先でも、フロントで加湿器を借りて利用しています。

さらに寝るときマスクをつけることもあります。マスクをつけると呼気に含まれる水分でのどの乾燥が防げるからです。使い捨ての不織布タイプよりも、昔ながらのガーゼタイプの方が保湿力は高いようです。

女性と比べると、男性は乾燥を気にしない方も少なくありませんが、冬場のように乾燥する季節は、ぜひ加湿器やマスクを活用してみてください。加えて私は、寒い季節にのどを冷やさないように、自宅でもスカーフなどを首に巻いています。

毎朝起きる時刻を決め、朝食を欠かさず食べて体内時計のリズムを守る

②質の高い睡眠をとる

若々しくなめらかな声を出すために気をつけたい2つ目のポイントは「②質の高い睡眠をとる」ことです。

寝ている間は声を出しませんから、声帯を休めることができます。この間、日中に蓄積したダメージやストレスからきちんと回復していれば、翌日は朝から高くて雑味のないクリアな声が出せるようになります。私は声帯を守るために、最低でも8時間は眠るように心がけています。

忙しいと睡眠時間を削りがちです。睡眠時間が短いと声帯もカラダも疲労からちゃんと回復してくれません。最低限の睡眠時間を先に確保したうえで、起きている日中の時間帯をいかに効率的に使うかを考えるようにしてください。

規則正しい睡眠をとる秘訣は、毎朝起きる時刻を決めること。急な仕事がない限り、私は朝8時に起きると決めています。

朝起きて朝日を浴びると目から光が入り、脳にある体内時計がリセットされます。体内時計とは、日中の活動と夜間の睡眠のリズムを決めている司令塔のようなもの。この体内時計のリセットがうまくいかないと時差ボケをしているようなものですから、眠りのリズムが乱れてしまいます。

そして重要なのは朝ご飯を毎日欠かさないこと。脳の体内時計は全身の活動リズムをコントロールしていますが、光が届かない細胞にはそれぞれ「時計遺伝子」が備わっており、体内時計の役割を果たしています。脳と細胞の体内時計がシンクロして初めて活動と休息のリズムが生じるのです。

この細胞の時計遺伝子をリセットするのが朝食。朝日を浴びてから1時間以内をめどに食事をすると、その刺激で脳と細胞の体内時計がシンクロするのです。

お酒やコーヒーの飲みすぎやタバコを避けて、のどをいたわる

③のどに悪いものを避け、のどに良いものを摂る

のどと声帯を守る最後のポイントとなるのは、のどに悪いものをなるべく避けて、良いものを積極的に取り入れることです。

のどに悪いものにはアルコール、カフェイン飲料、タバコ、そして刺激物があります。このワースト4は声帯を守るために摂りすぎに注意してください。

お酒をたくさん飲みすぎた翌日はのどがガラガラします。アルコールには利尿作用と脱水作用があり、声帯の粘膜も乾いてしまうからです。私はお酒が大好きなのですが、我慢して（笑）、なるべく飲みすぎないように気をつけています。

カフェイン飲料にもアルコールと同じように利尿作用があります。コーヒー、紅茶、緑

茶、ウーロン茶、コーラ類などには、多くのカフェインが含まれていますから、飲みすぎないようにしましょう。大事なプレゼンがあったり、営業などで得意先と会う予定があったりする日などは、コーヒーならカフェインレスのデカフェ、お茶なら利尿作用のないハーブティーに替えてのどと声帯を守ってください。カフェインは飲んでから5時間くらいは利尿作用を発揮しますから、夜間の脱水状態を避けるために私は夕方以降にはデカフェのコーヒーかハーブティーを飲むようにしています。

タバコの熱気を帯びた煙も声帯を乾燥させて傷つけてしまいます。お酒を飲みながらタバコを吸う人もいますが、声帯にとってはダブルパンチですね。

エスニック料理のように刺激物が多い料理も控えた方が無難。刺激物の成分は鼻から入って声帯にダメージを与えるのです。「ショウガはカラダを温めるからのどに良い」という説もありますが、ショウガの香りは声帯を刺激してしまうので、私は必要以上に摂らないようにしています。

反対にのどと声帯に良いものとしてはのど飴があります。

のど飴には、のどをいたわる生薬《しょうやく》やハーブが配合されています。これらの成分の働きも期待できるうえに、飴をなめていると唾液が出てきて口の中が潤います。口の中が乾燥するとのども乾燥しますし、口の動きも悪くなります。それを防ぐ働きがあるのです。

そして、のどを守る意外なものとしては、豚骨スープがあります。白濁した濃厚な豚骨スープには、豚骨から溶け出した脂肪分とコラーゲンが含まれています。これらの成分が被膜となり、のどを乾燥から守ってくれるのです。

美しい歌声で知られる歌手のＭａｙ Ｊ．さんも「豚の脂はのどに良いと思う」とおっしゃっています。彼女は大事なのどを守るために、豚骨スープ用のタンブラーを持っていて、そこにスーパーなどで売っている豚骨スープを入れて持ち歩いているそうです！

そこまでやるのは大変ですが、手軽に豚骨スープを飲むなら、コンビニでも買えるカップ麺の豚骨ラーメンのスープだけを飲むという手もあります。

聞き取りにくいボソボソ、モゴモゴをなくしてください

声の悩みとして声の高低以外にも「ボソボソ、モゴモゴしていて、聞き取りにくいと言われる」と打ち明ける方も少なくありません。

ボソボソ、モゴモゴだと言葉が不明瞭になって確かに聴き手にとってはわかり辛いもの。高い声も出しにくくなりますし、弱々しくて覇気が感じられませんから、年齢以上に声がエイジングして聞こえます。

ボソボソ、モゴモゴしているのは、口と舌がハキハキと動いておらず、腹式呼吸もできていないのが原因です。顔のストレッチ（27ページ参照）、舌のストレッチ（28ページ参照）、腹式呼吸（57ページ参照）を続けていれば、口と舌がなめらかに動き、お腹から声が出せるようになるので声量が上がります。それがボソボソ、モゴモゴを解消し、聴き手に好印象を与える話し方ができるようになります。

魚住式食事術❺ 一日の食事回数を増やす

食生活は朝、昼、夜という一日3食がスタンダードですが、私は一日5食。朝食と昼食、昼食と夕食の間のいわゆるオヤツの時間帯に1食ずつ「補食」をプラスしています。一日5食は小さい頃からの単なる習慣ですが、同じだけのカロリーを摂取するなら食事回数を増やした方が太りにくいと言われています。

一日5食だと一回あたりに食べる量は必然的に少なくなります。食事の間隔が短いので、お腹がそんなに空いていないからです。食事量が少ないと血糖値の大きな上下動が抑えられますから、43ページで触れたような血糖値の落ち込みによる過食や体脂肪の蓄積が避けられるようになります。

逆に一日2食のように食事の間隔が空いてしまうと、お腹がペコペコになります。お腹が空いていると食欲が暴走して過食につながりますし、早食いになりやすいので満腹にな

るまでに思わず食べすぎる恐れもあるのです。

加えて空腹だと、揚げ物などの脂っこくて太りやすいものを好んで食べる傾向もあります。思い起こしてみてください。残業して同僚たちと飲みに出かけると、思わず唐揚げやポテトサラダを頼みたくなりませんか？　残業で遅くなるときは夕方の時間帯に１食補食を入れると、空腹が招く爆食とこってりした食事にブレーキがかけられるのです。

３食にプラスしてオヤツの時間帯に食べるのは、甘いモノではありません。お菓子などの甘いモノ、ポテトチップスやおせんべいのようなスナック菓子は糖質の固まりで血糖値を急激に上げやすいので、避けるようにしてください。

私がオヤツの時間帯によく食べるのはゆで卵。卵はタンパク質、ビタミン、ミネラルなどをバランス良く含む〝完全食品〟。糖質がほとんどゼロで、血糖値を上げることもありません。かつては「卵にはコレステロールが多いから食べすぎるのはＮＧ」と言われていましたが、卵のようにコレステロールが含まれる食品を摂っても、健常人なら体内のコレステロール値は高くならないことがわかっています。ゆで卵ならコンビニでも手に入り、満足感が高くて甘いオヤツへの誘惑を断ち切る効果もあります。卵の他には、糖質が少なく栄養価が高いチーズ、アーモンドやクルミなどのナッツ類も補食に向いています。

声と話し方で、
印象はガラリと
変わりますよ！

第6章 話し方で10歳若返る方法を教えます

声だけではありません。話し方にもエイジングがあります

小さくてボソボソした低い声は、話し手を年齢以上に老けて感じさせますが、声に加えて話し方でも老けたイメージを与えることがあります。そのいちばんのポイントとなるのは、話すスピードです。

おじいちゃん、おばあちゃんで早口な人はあまりいませんよね。ゆっくりのんびりした語り口は落ち着きや安定感を聴き手に与えますが、その半面若々しいイメージを聴き手に与えるのは難しいと思います。

男性で言うと、久米宏さんや堺雅人さんが実際の年齢以上に若いイメージなのは、声が高いことに加えて話すスピードが速いからです。

女性でも、黒柳徹子さんや上沼恵美子さんが、つねに実際の年齢以上に若く感じられるのは、声が高いうえに、語り口がスピーディだからです。

声帯の構造上、高い声を出すのが苦手だとしても、話すスピードを上げることができたら、話し方でアンチエイジングすることは可能なのです。

そのために必要なのは、やはり腹式呼吸。たくさんの空気と酸素を吸い込んで、それを一定ペースで吐き出すから速く話せるのです。

単にせっかちに話しているだけではありません。早口すぎて聴き手に理解されないとしたら、何にもならないのです。

目指したいのは、途中で無駄な息継ぎをしない「ワンブレス」でなるべく多くの単語を話すことです。ひと息で言いたいことを話し切ると、聴き手はエネルギッシュで若々しい印象を受けるのです。

堺雅人さんが主役を演じた『リーガル・ハイ』や『半沢直樹』が人気を集めたのは、脚本や演出によるところも当然大きいと思いますが、堺さんがワンブレスの速いペースでセリフを言い切る小気味良さが受けた部分も少なくないと私は思います。早口であっても聴き手にとって理解しやすい話し方を心がけてみてください。

速く若々しく話すために、早口言葉を試してみてください

腹式呼吸でお腹から声は出せているのに、滑舌が悪くて早口で話せない人もいます。そんな人は滑舌を良くする早口言葉を試してみましょう。

テレビ各局にはオリジナルの滑舌練習用の早口言葉があり、新人アナウンサーは滑舌を良くするために早口言葉の練習をします。

ここではおなじみの早口言葉を集めてみました。「サ」行が苦手な人もいれば「ハ」行が苦手な人もいますが、すべてを偏りなくスムーズかつスピーディに言えるようにトレーニングしてみましょう。

初級編から始めてそれぞれ3回ずつ、できるだけ速く正確に言えるように練習してみてください。途中で息継ぎをしないで、ワンブレスで最後まで言い終わりましょう。初級編がクリアできたら、中級編にもチャレンジしてみてください。

初級編

老若男女
生麦生米生卵
赤パジャマ黄パジャマ茶パジャマ
隣の客はよく柿食う客だ
庭には二羽鶏がいました
東京特許許可局許可局長
この釘は引き抜きにくい釘だ
お綾や親にお謝り
第一著者第二著者第三著者
坊主が屛風に上手に坊主の絵を描いた
大皿の上におおよもぎ餅、小皿の上にこよもぎ餅

竹屋の竹やぶに竹立てかけたかったから、竹立てかけた

中級編

お綾や親にお謝り。お綾やお湯屋に行くと八百屋にお言い
隣の竹垣に竹立てかけたのは竹立てかけたかったから竹立てかけた
客が柿食や飛脚が柿食う飛脚が柿食や客も柿食う客も飛脚もよく柿食う客飛脚
新進シャンソン歌手総出演新春シャンソンショー
家のつるべは潰れぬつるべ、隣のつるべは潰れるつるべ
瓜売りが瓜売りに来て瓜売りのこし売り売り帰る瓜売りの声

以上の早口言葉がうまくできない場合には、事前に声を出すときの基本となる顔のストレッチ（27ページ参照）と舌のストレッチ（28ページ参照）をしてみてください。すると、口まわりの動きが滑らかになり、滑舌が改善してスピーディに話せるようになるはずです。

自分の声を録音して聞き返し、弱点を発見しましょう

誰しも自分のことを客観視するのは苦手なものです。それは声や話し方についても当てはまります。声や話し方を客観視するために有効なのは、ＩＣレコーダーやスマートフォンなどに自分の声や話し方を録音して聞いてみることです。

アナウンスやナレーションでは、自分の声や話し方を録音して聞き返すのは基礎的なトレーニングの一つ。私は高校の放送部時代から繰り返し行ってきました。

「録音した自分の声を聞き返すのは苦手です」と顔をしかめる人は少なくありません。私

自身もはじめはそうでした。

放送部で最初に録音した自分の声を聞いたときの衝撃はいまでも忘れません。想像以上に低くてガサガサしていて、聞き取りにくい声だったのです。

ずいぶん凹みましたが、新入部員のほぼ全員が同じようにショックを受けていましたし、アナウンスやナレーションのスキルの高い先輩たちもはじめは同じように〝録音ショック〟を受けたと聞かされて、これは誰でも体験する通過儀礼なのだと割り切りました。以降は、それまで以上にアナウンスとナレーションの練習に打ち込もうと決意しました。


録音した声にショックを受けるのは、自分が普段聞いている声とまるで違っているから。その理由を説明しましょう。

私たちが聞いている音には「気導音」と「骨導音」があります。

会話や音楽やテレビなどから発する音は空気を震わせます。この振動を耳の奥にある鼓膜がキャッチし、その奥にあるカタツムリのような形をした蝸牛《かぎゅう》という器官を介して脳に情報が伝わり、音として認識されます。これが気導音です。

一方、自ら発する声では、声帯の振動は耳の近くにある頭蓋骨にも伝わり、蝸牛を介して脳にも伝達されて、やはり同じように音として認識されます。これが骨導音です。試しに両耳を両手で塞いで何か話してみてください。それでも自分の声が聞こえますが、これは鼓膜を介した気導音ではなく、骨導音なのです。

耳を塞がずに自分で聞く自分の声は、気導音と骨導音を適度にミックスしたものですが、録音された声は骨導音がゼロで気導音だけで成り立っています。ですから、録音した声は自分が思ういつもの声とは違って聞こえているのです。楽聖ベートーベンは若くして難聴を患い、晩年には聴覚を失いましたが、それでも偉大な楽曲を数多く残しました。ベートーベンはタクトを口にくわえてピアノの鍵盤に押し当てて、骨伝導でピアノの音を聞くことで、作曲を続けていたと言われています。現代でも骨導音は、補聴器やヘッドホンの技術に応用されています。

相手に聞こえている本当の自分の声や話し方を改善することが大切です

デパートの試着室ではとっても似合っていて素敵な服だったのに、買って帰って自宅の鏡の前で着てみたら、思ったほど似合っていなかった……。そんな残念な体験をしたことはありませんか？　聞くところによると、試着室の鏡は角度などに工夫がしてあり、実際以上にスリムに見えるとか。〝うぬぼれ鏡〟（！）という別名もあるそうです。

同じように、相手に実際に伝わっているのは気導音だけです。骨導音は伝わりませんから、録音した声こそが本当の声。いつも聞いている声はもしかしたら〝うぬぼれ鏡〟に映っている自分の姿なのかもしれません。

声が低すぎる、話し方が遅すぎる、クリアではない……。録音した声を聞き返すと声や話し方の弱点がわかってきます。その弱点に耳を塞いで知らないフリをするのではなく、これまで紹介してきたトレーニング法で改善していきましょう。
ジョギングを続けていると少しずつ速く走れるようになりますし、筋トレを続ければ筋肉はちょっとずつ大きくなります。同じように適切なトレーニングをしていけば、声も話し方も変わってきます。定期的に録音して改善の度合いを確認すると成果がはっきりわかり、トレーニングを続けるモチベーションも保てるでしょう。

始めは録音した声に衝撃を受けて凹んだ私ですが、地道にトレーニングを重ねていくうちに録音した自分の声を聞いても驚かなくなりました。いまではナレーションをスタジオで収録した後、聞き返してみると自分が聞いている声よりも良く聞こえることもあります。皆さんも、録音した声が、自分が聞いている声よりもよく聞こえるようになるまで、トレーニングしてみてください。

話し方は、速ければ速いほどよいわけではありません

大きく高い声で速く話すと若々しい印象が与えられますが、声が大きくて高いほど、あるいは話し方が速いほど良いわけではありません。

声が大きくて高すぎて耳がキンキンしたり、早口すぎて聞き取りにくかったりするのはNG。聴き手に取っ付きにくい印象や威圧感を与えることもあります。大きくて高くて速い話し方はエネルギーがマックスになりますから、体調が悪い人や高齢者にとっては負担に感じられることもあり得ます。早口すぎて「聞き取れない」と言われたときには、話すスピードをスローダウン。さらに口をはっきり開けて話すようにすると、多少早口でも聞き取りやすくなるはずです。

私の生徒さんで早口な女性がいました。彼女はとても愛らしく素敵な女性です。それでもなかなか意中の相手とカップルになれないというのが悩みでした。私が「ひょっとして

デートのときも、いつものような早口で話していませんか？」と尋ねると「いつもと同じですけど……、いけなかったでしょうか？」という答えが返ってきました。

そこで早口すぎると相手に取っ付きにくい印象を与えることがあることを伝えて、プライベートではいつもよりもゆっくり話してみるようにアドバイスしました。そして彼女は私のアドバイスを実践してゆっくり話すようにしたところ、ほどなく意中の人と結婚しました。

声の高さと話すスピードで話し方の印象は決まります

話すときには、洋服と同じようにTPOに応じて次の3つの要素の適切な組み合わせを考えるようにしてください。

話すときに注意すべき3つの要素

①声の高さ
②声の大きさ
③話すスピード

このうち「①声の高さ」と「②声の大きさ」はリンクしています。すでに触れたように高い声は必然的に大きい声であり、低い声は小さい声なのです。高くて小さい声、低くて大きい声を出すのは、声楽家のようなプロフェッショナル以外は難しいのです。

それを踏まえると話し方のタイプは「①声の高さ」×「③話すスピード」という2つのファクターの組み合わせで決まると考えていいでしょう。それには次の4つがあります。

前著でも触れましたが、重要な部分なので重複を恐れずに紹介します。

話し方の4つのタイプ

A　声が高い×話すスピードが速い
B　声が高い×話すスピードが遅い
C　声が低い×話すスピードが速い
D　声が低い×話すスピードが遅い

Aの**「声が高い×話すスピードが速い」**は、もっともアンチエイジング効果が高い話し方です。元気で明るく、エネルギッシュでポジティブな印象を与えます。営業のようなビジネスの現場では好印象です。

著名人では、タレントの明石家さんまさん、ダウンダウンの浜田雅功さん、久米宏さん、ジャパネットたかた創業者の髙田明さん、俳優の堺雅人さん、歌手の郷ひろみさん、元首相の小泉純一郎さん、タレントの神田うのさんなどが、このタイプの話し方をしています。

Bの**「声が高い×話すスピードが遅い」**は、高い声でゆっくり話すことで、おおらかさ、癒やし、優しさ、母性などを聴き手に感じさせます。男性の場合、中性的なイメージを与えることができます。

著名人では、タレントの山口もえさん、安めぐみさん、アナウンサーの滝川クリステルさん、フィギュアスケート選手の浅田真央さんなどがこのタイプの話し方をしています。

Cの**「声が低い×話すスピードが速い」**は、明晰で信頼感があり、クールな感覚の持ち主であることを感じさせます。「この人、仕事できる人!」というイメージです。仕事上のミスなど、ネガティブな報告をするときには、低い声で速く話して改善策や対応策を提案すると、ポジティブな結果につながりやすくなります。

著名人では、SMAPの木村拓哉さん、DJのクリス・ペプラーさん、俳優の竹野内豊さん、最近は司会業もされているお笑いコンビパックンマックンのパックン(パトリック・ハーランさん)、政治家の小泉進次郎さんなどがこのタイプの話し方をしています。

Dの**「声が低い×話すスピードが遅い」**は、落ち着きがあり、癒やしや父性的なイメージを感じさせます。悩み事の相談に乗ったりするときは、低い声でゆっくり語りかけると相手が安心して心を開いてくれるはずです。

著名人では、俳優の中尾彬さん、江守徹さん、向井理《おさむ》さん、戦場カメラマンの渡部陽一さんなどがこのタイプの話し方をしています。

状況に応じて声と話し方を柔軟に変えてください

このようにAタイプからDタイプまで、声の高さと話し方で聴き手に与える印象はがらりと変わります。

優れた野球のピッチャーが、いろいろなタイプの打者を打ち取るために直球、フォークやスライダーなどの変化球といった決め球をいくつも持っているように、聴き手や状況に応じて声の高さと話すスピードを変えられるのが理想です。

低い声しか出せない人は高い声、ゆっくり話すことがクセになっている人はスピードアップするコツを学び、シチュエーションに合ったベストな声と話し方をチョイスするようにしてください。時速160kmの豪速球が投げられるピッチャーは、140kmのボールも100kmのボールも自在に投げられるものなのです。

さらに、そこに口角を上げた笑顔を付け加えると、良好なコミュニケーションがとれるようになります。

40代男性の生徒さんで、声の高さと話す速度を変えて転職に成功した方がいます。40代になると転職も大変ですが、面接時に笑顔で高い声で速い話し方をしたところ、フレッシュな印象を与えて採用されたのです。

あなたが就職試験の面接官だとします。暗い顔でボソボソ話す転職希望者と、笑顔で高い声でハキハキ話す転職希望者がいて、ふたりの実力が同じだとしたら、どちらを採用しますか？　恐らく多くの人が笑顔で高い声でハキハキ話すタイプを選ぶのではないでしょうか。

キャッチボールの意識で声量を調節してみましょう

高くて大きい声は若々しい印象を与えるものですが、状況によっては「声が大きすぎる」と聴き手を不快にさせることもあります。

生徒さんの中でも「職場で、声が大きすぎて仕事に集中できないと同僚から文句を言われて困る」という悩みを持つ方もいます。

口調が速ければ速いほど良いわけではないように、声も大きければ大きいほど良いわけではないのです。そこでイメージしてもらいたいのはキャッチボールです。会話は聴き手との声のキャッチボールだという意識を持つのです。

相手と遠く離れた距離でキャッチボールをするときは、誰でも力一杯ボールを投げようとします。そうしないと届かないからです。

同じように、遠くの相手に対しては、コミュニケーションをとるためにできるだけ大きな声を出すのが自然です。電話でもついつい大きな声になってしまう方は、前述のようにテンションが上がっているうえに、遠くの相手に声を届けたいという意識が頭の片隅にあるからでしょう。

距離が近くなるほど、キャッチボールではテイクバック（反動をつけるために腕を後ろに引く動作）が少なくなり、軽くボールを投げ合うようになります。

同様にオフィス内では、それほど大きな声を出さなくてもコミュニケーションはとれますから、必要以上に大声を出さないように気をつけましょう。そうしないと近い距離で豪速球を投げられるとボールがキャッチできないように、声のやり取りも成り立たなくなり、「声が大きすぎる」という聴き手の不満を招きます。

少人数での会議では声量を少し絞るくらいで十分。声が大きすぎると「大きな声で持論を通そうとしている」という誤解を招く恐れもあります。かといって小声でボソボソ話すと、自分の意見に自信がないように聞こえます。声量を絞るときこそ、口をしっかり開けて丁寧に話すように心がけてください。キャッチボールにたとえるなら、近くの相手に下手投げでていねいにボールをわたしてあげるイメージです。

会議では出席者が増えて規模が大きくなるほど、声量を上げる必要が出てきます。それくらいエネルギーを込めないと全員にうまく聞き取ってもらえない恐れがあるからです。プレゼンテーションや晴れの場でのスピーチのように、大勢の前で一人で話すようなシーンでも、声量を上げてエネルギッシュに話してください。ただし、マイクを通すときは要注意。マイクの音量設定によってケースバイケースですが、声量を上げるとスピーカーからの声が大きくなりすぎるときはあえて声量を少し絞り、口をきちんと開けて丁寧に話しましょう。

相手に不快感を与える話し方をチェックしてみます

自分の会話を録音したら、聴き手に不快感を与える話し方をしていないかをチェックしてみてください。適切な声の高さとスピードで話しているとしても、話し方で相手を不快な思いにさせてはアンチエイジングの意味がありません。

とくに気をつけたいのは次の3点です。

会話で注意したい3つのポイント

①冒頭に意味のない感動詞が入る
②文節の最後や助詞で語尾を上げる
③冒頭に「いや」「でも」といった逆接的表現をつける

本人は気づいていないのに、会話の冒頭に「え〜」「あの〜」「えっと」「まあ」といった意味のない感動詞が入る人は少なくありません。

感動詞とは、主語にも修飾語にもならず、他の文節とは独立して用いられるもの。話し手の感動などを表すことから〝感動詞〟と言われていますが、冒頭の感動詞がなくても意味は通じます。話し手は無意識でも、繰り返されると聴き手には耳障《みみざわ》りに感じられるケースが多いのです。
冒頭の感動詞を意識して省くだけでも、簡潔で贅肉のない知的な話し方になります。感動詞の代わりに、会話を「私は」「皆さんは」といった主語から話し始めるクセをつけてください。すると言いたいことが相手にはっきり伝わりやすくなります。

次に多いのは、文節の最後や「て」「に」「を」「は」「が」といった助詞などで語尾を上げてしまうクセです。これは一般的に「語尾上げ」と言われており、十数年前から広がりました。

語尾上げという単語はいまでは国語辞典にも載っているくらいポピュラーですが、多用されると聴き手は耳障りに感じるものです。自分の言葉に自信がなく、相手の反応を窺いながら、恐る恐る話しているような悪い印象を与えることもありますから、控えるようにしてください。自分の話し方を録音して聞いてみても良いでしょう。そこではじめて気づく方が多いはずです。文節の最後で語尾を上げるイントネーション（抑揚）をつけるのは、疑問や同意を求めるときだけに留めておきたいものです。冒頭に「いや」「でも」といった逆接的表現をつけるのも避けたほうがいいでしょう。

魚住式食事術❻

水分の補給を欠かさない

カラダの60〜70％は水分が占めています。私たちは一日2・0〜2・5ℓの水分を失っており、それを補うために2・0〜2・5ℓの水分を補給しています。このうち飲み物として補給するのは0・8〜1・3ℓ。水分不足だと代謝が落ちますし、のどの調子も悪くなりますから、規則正しい水分補給をお忘れなく。のどが渇いたと感じたときにはカラダがすでに軽い脱水状態になっていますから、のどの渇きを覚える前に早め、少なめ、こまめに水分を摂る習慣をつけるのが正解です。

水分補給はミネラルウォーターが基本ですが、私は食事に合わせてお茶やコーヒーも楽しんでいます。朝食には紅茶、昼食には緑茶、夕食にはカフェインレスのコーヒーかハーブティーといった具合です。前述のとおり、お茶やコーヒーにはカフェインが含まれています。カフェインには利尿作用があり、飲みすぎるとかえって脱水状態に陥ることもあり

ますから、飲みすぎは禁物。

でも、緑茶のテアニンというアミノ酸の一種には気分をホッと落ち着かせる効果があり、ストレスによる過食にブレーキをかけてくれます。同じく緑茶に含まれているカテキンというフィトケミカル（82ページ参照）には、有害な活性酸素を無力化する抗酸化作用があり、体脂肪を減らしたり、がんを予防したりする効果が期待されます。また、コーヒーに含まれているクロロゲン酸というフィトケミカルにも抗酸化作用があります。

緑茶やコーヒーをよく飲む人は、病気に罹《かか》りにくいという報告もありますから、好きな人は適度にたしなまれると良いかもしれませんね。

水分補給で避けたいのは、炭酸飲料やスポーツドリンクなどの甘い清涼飲料水。甘い清涼飲料水には、だいたい10%の濃度で砂糖などの糖質が含まれています。５００㎖入りのペットボトルなら50gの糖質が入っている計算。角砂糖10個以上も入っているのですから、血糖値が急激に上がり、太りやすくなります。

近頃では砂糖などの代わりに人工甘味料を使った低カロリーの清涼飲料水も増えてきましたが、人工甘味料の摂りすぎは腸内環境（１４６ページ参照）に悪い影響を与えるという報告もありますから、飲みすぎないようにしたいですね。

おわりに

長い間、声の仕事に関わってきていつも感じるのは「声を出す」「読む」「話す」ことが、人生を明るく、楽しいものにするということです。そのため、この本で紹介したレッスンは、見た目のアンチエイジングだけでなく、心を明るく元気に保つ「心のアンチエイジング」にもつながっています。

実は私自身、誰とも話さない時間が長いと、元気がなくなり、落ち込んでしまうこともあります。けれど、レッスンで声を出し、読み、話すと、途端に元気になるのです。声を出すことで、気持ちがしゃきっとし、カラダの底からエネルギーがむくむくと湧いてくるのです。

声を出すというのは、自分のエネルギーを放出するということ。自分からエネルギーを送れば、相手も声と言葉でエネルギーを返してくれます。このエネルギーの交換、キャッチボールが、人の心とカラダを、元気に若々しく保つのです。私がいつも元気に若々しい気持ちで過ごせるのも、コミュニケーションをとることで、周りの方々からエネルギーを頂いているからだと思っています。

人間は、言葉を持ち、話すことでコミュニケーションを取る唯一の生き物です。話し、コミュニケーションを取ることこそが、私たち人間が生きる証であるように思うのです。メールやSNSで他人と繋がるのは、確かに便利で良いと思います。でもやはり人は、声を出し、誰かと話さなければ、心がしぼみ、独りよがりになり、やがて孤立してしまいます。孤独こそが一番、人を老けさせてしまう原因なのではないかと思うのです。この本で、現代で忘れられがちな「人と積極的に関わることの大切さ」も伝えられれば幸いです。

最後に、素敵な写真を撮ってくださったカメラマンの田川智彦さん、いつもきれいにしてくださるヘアメイクの畑野和代さん、文章をまとめるにあたり協力してくださったライターの井上健二さん、講談社第一事業局企画部の榎本明日香さんにお礼を申し上げます。

2016年5月

魚住りえ

魚住りえ Rie Uozumi

1972年、大阪府生まれ、広島県育ち。3歳からピアノのレッスンを受け、音感を養う。高校時代は放送部に在籍し、NHK杯全国高校放送コンテストに出場。朗読部門で全国3位に選ばれる。慶應義塾大学卒業後、95年、日本テレビにアナウンサーとして入社。数々の人気番組を担当しお茶の間の人気者に。2004年フリーに転身、テレビ東京系列『ソロモン流』でのナレーターなどで活躍。また、およそ25年にわたるアナウンスメント技術を活かした「魚住式スピーチメソッド」をスタート。ビジネスパーソンを中心に人気のレッスンに。著書に『たった1日で声まで良くなる話し方の教科書』（東洋経済新報社）がある。

10歳若返《さいわかがえ》る！ 話《はな》し方《かた》のレッスン

2016年5月10日　第1刷発行

著者　魚住《うおずみ》りえ

発行者　鈴木 哲

発行所　株式会社 講談社
〒112-8001 東京都文京区音羽2-12-21
電話　編集 03-5395-3522
販売 03-5395-4415
業務 03-5395-3615

ブックデザイン　アルビレオ
カバー写真　田川智彦
ヘアメイク　畑野和代
編集協力　井上健二
イラストレーション　奈良 恵（asterisk-agency）
印刷所　慶昌堂印刷株式会社
製本所　株式会社国宝社

ISBN978-4-06-220084-4